JN107481

日中戦争 真逆の真相

史実を世界に発信する会
茂木弘道

誰が仕掛け
なぜ拡大し
どこが協力
したのか？

ハート出版

日中戦争　真逆の真相

まえがき

教科書では教えられない？　日中戦争の真実

日中戦争は昭和12年（1937年）7月から昭和20年（1945年）8月ですが、中国の中で戦われたのだから日本の侵略戦争に決まっている、と素朴に信じている人が多いようです。まずは、弱い中国に勝手に進出していき、軍隊を駐留させたのが侵略の始まりであり、その後のいざこざが次第に本格的な戦争へと拡大していった、と思っているわけです。

日清戦争は明治27年（1894年）7月から明治28年4月でしたが、日本は清国に圧勝し、下関条約により台湾、遼東《りょうとう》半島の割譲を受けました。しかし、日清戦後に日本は中国（清国）に軍を駐屯させてはいません。その後、最初に軍を派遣したのは、明治33年（1900年）、義和団の乱の発生により日本人を含む外国人居留民の殺害が広がったため、日英米仏独露など8か国が連合してこの鎮圧にあたった時です。義和団事件の最終議定書「北京議定書」（1901年）によって、居留民保護のために、一定の兵力を「天津―北京」間に駐屯することが認められました。後に盧溝橋《ろこうきょう》事件の時に攻撃を受けることになった支那駐屯軍はこの条約に基づいて駐屯していたものであり、完全に合法的な駐屯軍でした。

すなわち、日本軍が弱い中国に勝手に進出していたなどというのは、全く根拠のない空想です。

本論で詳しく説明しますが、合法的に駐屯していた支那駐屯軍が、一方的に中国側から攻撃を受け、紆余曲折がありましたが、衝突が次第に拡大していったというのが、日中戦争の実態です。

そもそも国際法では、挑発がなかった状態で、合法的に駐屯している軍隊に対して先に攻撃を仕掛けたほうが侵略者となります。その場所が、自国内であるかどうかにかかわらずです。分かりやすく言いますと、こういうことです。現在アメリカ軍が、日米安保条約に基づいて合法的に日本に駐屯しています。このアメリカ軍に対して自衛隊が一方的に攻撃を仕掛け、戦争状態になったとしますと、戦場が日本国内であっても、侵略者は日本の自衛隊になるということです。

盧溝橋事件以降、中国で起こったことは、これと同じようなことでして、中国軍が不法な攻撃を日本軍に仕掛けてきたことが戦争の始まりであり、またそれを拡大していったのも中国側だったのです。決して日本陸軍の統制派、拡大派が拡大していったわけではありませんでした。

盧溝橋事件は、戦争の発端となりましたが、小さな衝突事件で、「事変」という次元の戦いでした。しかし、この事変が、さも日本軍による侵略であるかのような「宣伝戦」を徹底して行い、蔣介石《しょうかいせき》政権を戦わざるを得ない方向に向けていったのは、中国共産党でした。

そして、本格的な衝突となり、「戦争」へと拡大したのは、上海事変（第二次）からでした。上海には、共同租界にいるおよそ3万の日本人居留民を守るために、海軍の陸戦隊（4500人）が駐屯していました。これに対して昭和12年（1937年）8月13日、非武装地帯に潜入していた中国正規軍3万が一方的に攻撃をかけてきたのが上海事変です。

もはや事変ではなく本格的な戦争になっていきました。何しろ蒋介石は8月15日には全国総動員令を敷き、大本営を設置し、自ら陸・海・空三軍の司令官に就任していたのです。これこそ、まさに中国軍による日本に対する侵略戦争にほかなりません。

何よりも、日本は「侵略戦争」を始めたのではないことをぜひ知っていただきたいと思います。どうして戦争が起こり、それが拡大していったのか、だれが拡大の主役だったのか、などについて、事実に基づき説明していこうと思います。

泥沼の戦いへの決定的な転換点が、日本政府から蒋介石政権への『国民政府を「対手《あいて》トセズ」声明』であったことはよく知られています。ではどのような経緯、事情、どのような勢力によってこの声明が発出されることになったのかをご説明して、本書の結びとしました。ぜひお読みいただければと思います。

令和6年3月

茂木弘道

もくじ　日中戦争 真逆の真相

まえがき　3

第1章　盧溝橋事件

1　事件の経過　15
2　当時の情勢　18
3　誰が発砲したのか？　21
4　本当の犯人は中国共産党だった　24
5　停戦協定破りの実行　39
6　遂に開戦通告へ　46

第2章　通州事件

1　事件の概要　50
2　犯行現場の目撃者の証言　53

3 証言を裏付けるもの 59
4 なぜ事件が起こったのか？ ——誤爆原因説の誤り 63
5 誤爆説を完全否定する実行犯の手記 66
6 通州事件が「暴支膺懲」を煽る宣伝に利用されたという虚説 69
7 宣伝問題のポイントは何か？ 74

第3章 上海事変（第二次）

1 船津和平工作とその挫折 80
2 中国正規軍による一斉攻撃 83
3 ニューヨーク・タイムズは中国の一方的攻撃と報じた 86
4 海軍陸戦隊の大健闘——上海大虐殺の発生を防ぐ 88
5 大苦戦の上陸部隊 90
6 ドイツ軍事顧問団の果たした役割 94
7 日本の和平提案——トラウトマン工作不成立 96

第4章 南京攻略戦

1 居留民保護から敵主力の撃滅へ 99
2 南京攻略すべきや否や 101
3 南京攻略戦 103
4 南京占領 108

第5章 南京事件の虚実

1 外国報道から始まった南京事件 112
2 安全区国際委員会と「南京安全地帯の記録」 119
3 人口問題 122
4 埋葬記録 124
5 ティンパーリ『戦争とは何か』 128
6 ベイツ教授は中華民国政府顧問であった 133

7 アメリカ宣教師団は中国軍支援を決定していた 137
8 捕虜の処刑の問題 142
9 虐殺事件とは 147
10 ニセ写真によるプロパガンダ 151
11 平和蘇る南京 157

第6章 和平工作の再開

1 トラウトマン工作の条件変化 162
2 陸軍参謀本部の和平実現への尽力 172
3 御前会議に持ち込むも 175
4 多田中将、声涙ともに下して交渉継続を主張 177
5 「爾後、国民政府を対手とせず」政府声明 181

第7章 「拡大派」「不拡大派」問題

1 戦争を拡大したのは誰だったのか 184
2 統制派？ 皇道派？ 一撃派？ 185
3 事件勃発後の第一分岐点——内地3個師団派遣声明 190
4 内地3個師団の動員閣議決定——6万の増派 193
5 上海事変——本格戦争への突入 194
6 南京を攻略すべきか否か 197
7 蔣介石政権「対手トセズ」声明 198
8 「近衛上奏文」の誤り 205
9 結論：日中戦争を拡大させたのは中国であった 207

あとがき 212
参考文献 218

日中戦争当時の国境と主要都市の概観図

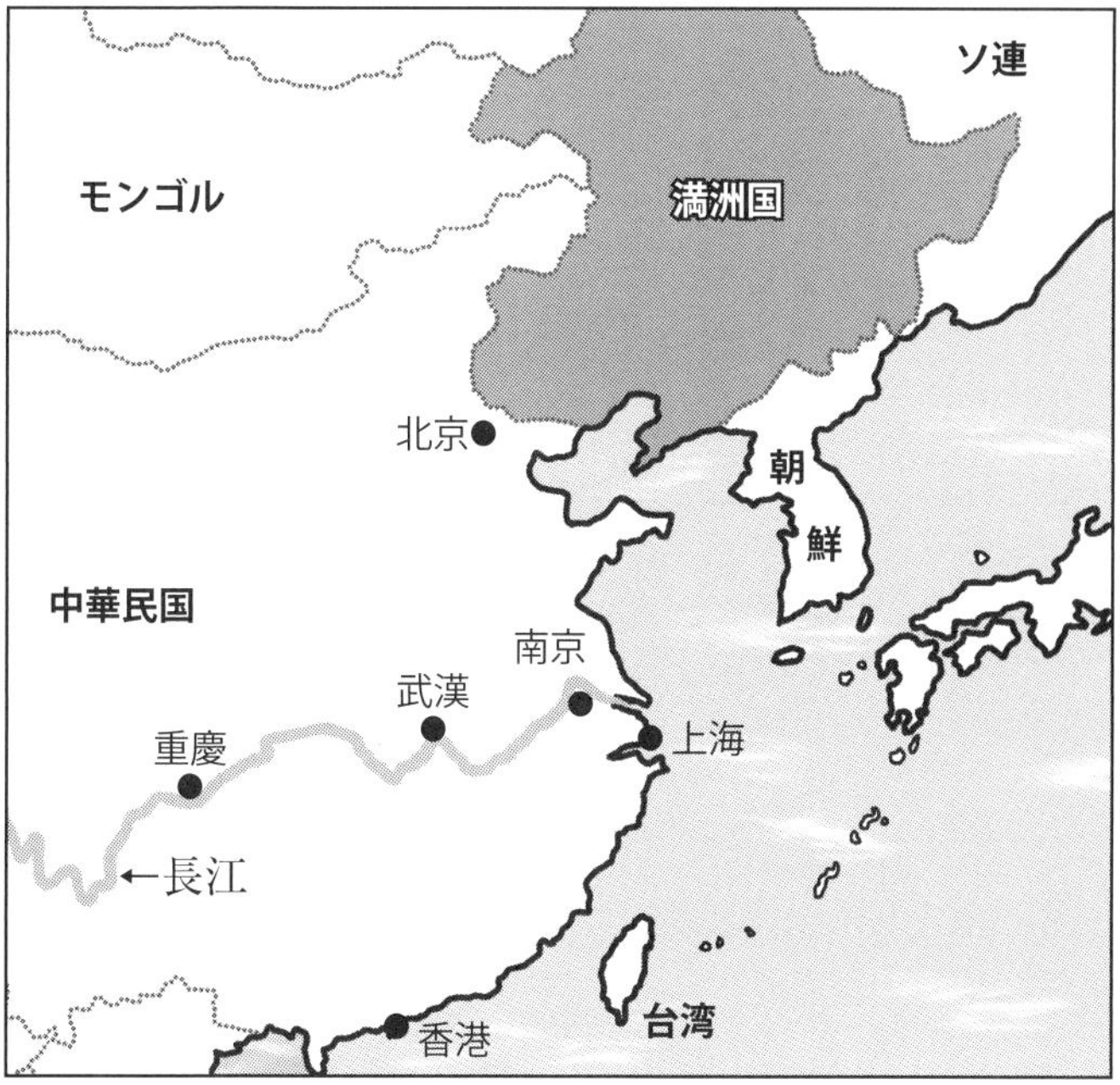

武漢は漢口、北京は北平と呼ばれていた

第1章　盧溝橋事件

1　事件の経過

昭和12年（1937年）7月7日、夜10時40分頃、北京（北平）西方12キロの盧溝橋北側の永定河《えいていが》左岸の河川敷で、演習を終了しようとしていた日本の支那駐屯軍歩兵第1連隊第3大隊第8中隊（135名）に、数発の銃弾が撃ち込まれました。演習は、実弾は使わず、中国29軍に事前通告してありました。添付地図に見る通り、中国軍のトーチカ（コンクリート製の防御陣地）のある土手を背にして、その400メートル先付近から300メートルほど前進していました。（17頁図）

その後、背後の土手方向から十数発の発砲があり、翌朝3時25分にも3発の発砲、5時

30分4回目の銃撃があったのちに初めて日本軍は反撃を開始しました。最初の銃撃から7時間後のことです。

日本軍は、土手方向の発砲者の部隊に突撃し、これを掃討しました。そこを検分に行った北京の憲兵分隊長赤藤庄次少佐は、倒れている下士官らしき敵兵のポケットから手帳を発見しました。その冒頭に、第29軍長の宋哲元《そうてつげん》上将に始まり、第11連（中隊）長の耿錫訓上尉までの直属上司が書かれ、さらに第219団（連隊）長の吉星文上校（大佐）が6月21日に行った訓示が書かれていました。（注1）

飛行機から見た盧溝橋（右側）

（注1）「日本軍は、最近演習を名目に宛平《えんぺい》県城を奪取する企図を抱いているようである。この情勢は、ここ数日来緊迫しており、該地の警備に任ずる部隊は、昼夜を通じて至厳なる警戒を続行し、防務の完璧に最善の努力を傾倒せよ。」〔『英霊にこたえる会たより第40号』（平成17年3月19日）「欠落している昭和の戦史の検証」倉林和男（元空将補）〕

第８中隊夜間演習実施略図

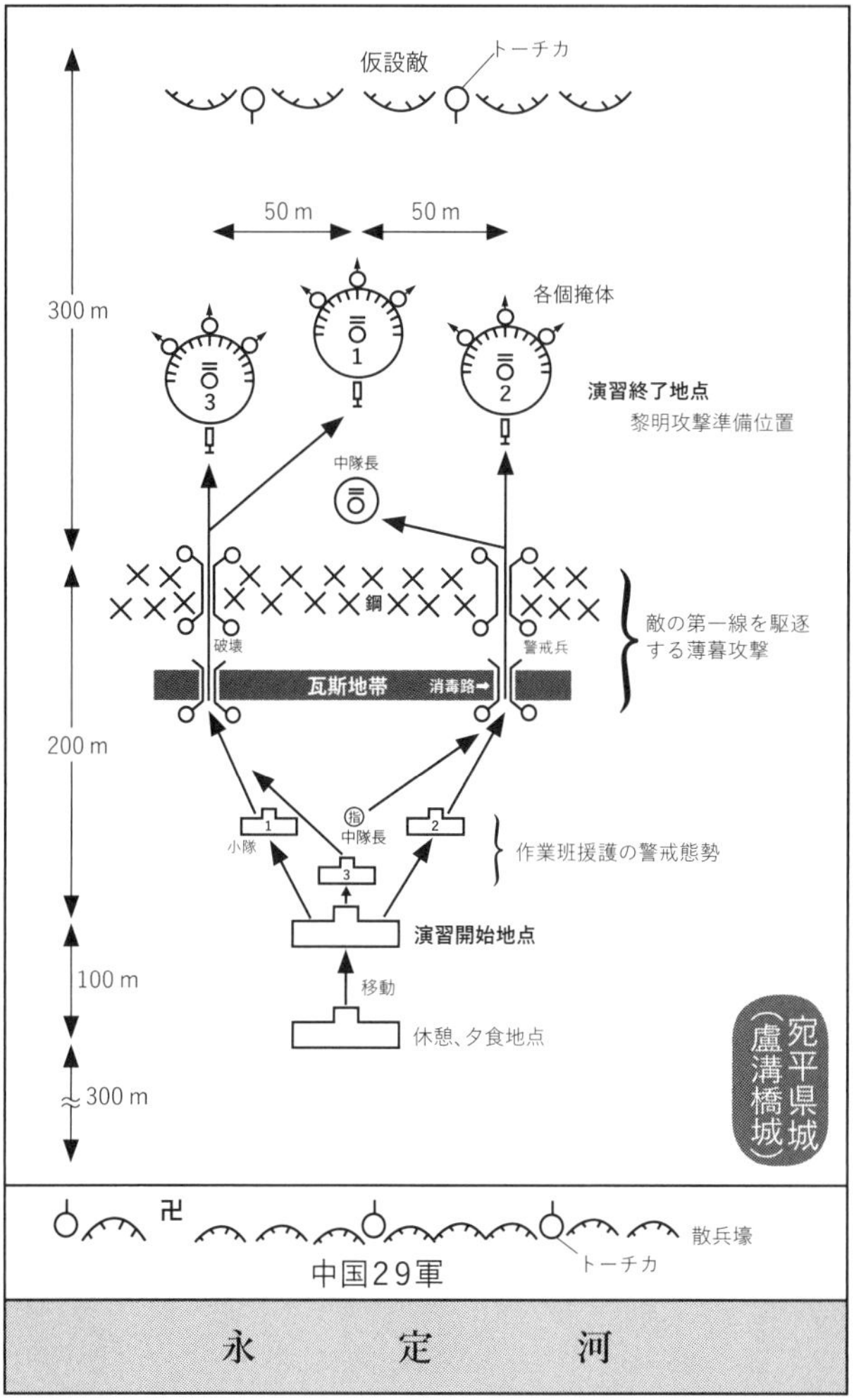

2　当時の情勢

まえがきに書きましたように、支那駐屯軍は1901年に結ばれた北京議定書により、日本人居留民保護のために駐屯が認められていたものです。

当時の兵力は5600人でした。フランス1823人、アメリカ1227人、イギリス1008人に比べると多い兵力ですが、これは居留民の数が日本の場合非常に多かったためです。居留民一人あたりの兵数でみますと、日本0・17、フランス3・04、アメリカ0・49、イギリス0・34でしたので、むしろ日本の兵力は少な目であったといえます。

北京を中心とする北支の中国軍は宋哲元率いる29軍が主体で、およそ10万の兵力を持っていました。蒋介石直系の軍ではなく、ある程度独立性を持ち、日本との関係は比較的良好でした。

しかし、その内部には蒋介石派の工作がかなり浸透していましたし、共産党は末端から中央に至るまで、秘密党員、シンパを大量に送り込んでいました。何と副参謀長の張克俠

平津地区の中国共産党幹部一覧

秦郁彦著『盧溝橋事件の研究』(東大出版会) p356

	氏　名	生年一没年	入党年	1937年7/7の所在	その後
○北方局					
書記	●劉少奇	1898-1969	1921	延安, 7/28太原へ	国家主席
秘書長	林　楓	1907-1977	1927	平津, 9月太原へ	高級党校長
組織部長	●彭　真	1902-	1923	延安	党政治局員
宣伝部長	●李大章	1900-1976	1924	延安, 事件後平津へ	四川省長
軍事部長	朱　瑞	1905-1948	1928		戦死
青年委書記	宋　平	1917-	1937		党政治局員
○北平市委員会					
書記	●黄　敬	1911-1958	1932	北平, 7/29太原へ	天津市長
組織部長	安子文	1910-1980	1927		党中央組織部長
	●黄　誠	1914-1942	1936	北平, 7/29地方へ	
	王文彬	1907-1939		北平	
○天津市委員会					
書記	●李鉄夫	1901-1937	1928	7月延安で病死	
副書記	●劉瀾濤	1910-	1928		全国政協副主席
組織部長	●李啓華				
宣伝部長	姚依林	1911-	1935	天津	副首相
婦女部長	張秀岩	1901-1968	1927	6月延安へ	人民監察委員
○華北連絡局					
局長	南漢宸	1895-1967	1927	天津	中国人民銀行長
書記	王世英	1905-1968	1925	北平	山西省長
北平小組	張友漁	1899-1992	1927	北平, 7月太原へ	北京市副市長
○民先隊長	●李　昌	1914-	1936	北平	科学院副院長
○華北各界救国連介会	楊秀峰	1896-1983	1930		最高人民法院長
○清華大学党書記	蔣南翔	1913-1988	1933	北平	教育部長
○中共党中央派遣	張経武(張金吾)	1906-1971	1930		中将
○第29軍副参謀長	張克侠	1901-1984	1929	北平	林業部副部長
参謀処	肖　明	1896-1959	1922	北平	北京総工会主席
〃	鄒大鵬	1907-1967	1936		情報総署長
参謀訓練班	劉　昭			南苑党支部書記	
〃	王達成				紡織工業部部長
宣伝副処長	李澄之				
情報処長	靖任秋				政協上海市委副主席
○軍訓団大隊長	馮洪国	-1937		南苑	南苑で戦死
同副大隊長	朱大鵬(朱軍)	1908-	1927	南苑	海軍少将
○219団小隊長	謝甫生	1902-1985	1927		駐モンゴル大使
	沈忠明	1910-1937	1935	宛平で戦死	

●延安の白区工作会議出席者.

注１:劉少奇は４月21日北平を出発して延安へ向い, 蘇区党代表会議(5/2-5/24), 白区工作会議(5/17-5/26, 6/6-6/10), 政治局会議(6/1-6/3)に出席したのちも延安に留まり, ７月28日太原へ移動した新本部へ向った.

参考:王健英編『中共組織史料編』(紅旗出版社, 1983), 何虎生他主編『中華人民共和国職官志』(中国社会出版社, 1993).

は秘密党員であり、また参謀スタッフに４人、宣伝処に２名が入り込んでいました。（19頁図表）

なお、全体として当時の日中の兵力はどうだったのかというと、日本は満洲、朝鮮、台湾、日本本土すべての軍を合わせて25万でした。これに対して、中国は２１０万です。日本が最も警戒していたソ連は１６０万の総兵力のうち、極東に40万を配置していました。日本は強大な軍事力を背景に中国侵略を進めていたというイメージをお持ちの方もいるかと思いますが、実情はこのように最大の敵ソ連の極東兵力に対して総兵力でかなり劣っていたのでした。こうした状況下で、わずか５６００の支那駐屯軍が中国軍に対して戦いを仕掛けるはずもなく、またそのような計画は全くありませんでした。日中の関係は、佐藤尚武《なおたけ》外相の『中国再認識論』に基づく懸案解決の政策がすすめられ、表面的には好転し始めたかに見えた時期でしたので、16頁の注１にある29軍吉星文大佐の訓示は、異常な感じです。緊迫していたのは、日中の関係ではなく、日本軍と事を構えようとしていた側の内部事情だったと見ざるを得ません。

3　誰が発砲したのか？

事件が起こると、北京の29軍の軍事顧問の桜井少佐と29軍の副軍長の秦徳《しん》純中将との間で事態解決について折衝が進められました。不法射撃について秦副軍長は「29軍37師の所属部隊は宛平県城に駐屯しているが、城外には一兵たりとも配置していない。匪賊《ひぞく》か便衣《べんい》隊の仕業であろう。しかし、29軍の兵であったにしてもそれらは上司の命令をきかぬ分からず屋どもだから、29軍たると何たるとを問わず、日本軍が攻撃しようと一切差し支えない」と言っていました。

こうみると、発砲者は少なくとも、29軍兵士と考えられますが、しかし、その特定をすることは難しく、発砲者はいまだに不明ということになっています。

ところで、事件発生から4日後の7月11日に、松井久太郎北京特務機関長、今井武夫陸軍武官と秦徳純第29軍副軍長、馮《ふう》治安第37師長らの間で停戦協議が進められ、現地停戦協定が結ばれました。

現地停戦協定

一、第二九軍代表は日本軍に遺憾の意を表し、かつ責任者を処分し、将来責任を以てかくの如き事件の惹起《じゃっき》を防止することを声明す。

二、中国軍は豊台《ほうだい》駐屯日本軍と接近し過ぎ、事件を惹起し易きをもって、盧溝橋付近、永定河付近には軍を駐屯せしめず、保安隊を以てその治安を維持す。

三、本事件は所謂《いわゆる》藍衣《らんい》社、共産党、その他抗日系各種団体の指導に胚胎すること大きに鑑み、将来これが対策をなし、かつ取り締まりを徹底す。

藍衣社とは国民政府の情報工作機関のことです。この停戦協定は、日中双方の合意で結ばれたものですので、極めて大きな意味を持つものであると思います。何よりも発砲者の特定はしていませんが、盧溝橋事件の責任は中国側にある、ということが第一項で明確に述べられていることです。

こんな大事なことが、八社から出されている中学の歴史教科書のどれにも、明記されていないのです。それどころか、圧倒的なシェアを誇る「東京書籍」の教科書では、「日本はどのようにして日中戦争を起こしたのか」とサブタイトルで書いているほどです。もう最初から日本が侵略したという前提（実は全く根拠がないのですが）で教科書が書かれているのですから大問題です。

また、日中戦争論の決定版であると自ら称している『決定版　日中戦争』（波多野澄雄、戸部良一、松元崇、庄司潤一郎、川島真、新潮新書　２０１８年）ですが、残念ながら、この肝心なことが出ていません。これでは決定版どころか決定的に問題ではないかと思います。

この停戦協定の重要性をある知人に説明したところ、その方は特に左翼というわけではないのですが、「停戦協定における事実上敗軍による遺憾表明をもって歴史の事実とするのは性急です」と反論してきたのには驚きました。要するに日中戦争とは、弱い中国軍に日本軍が勝手なことをしてきた、と思い込んでいるわけです。しかし事実は、前記のように、たった５６００の日本軍に対して相手の宋哲元の29軍は10万の兵力ですし、中央軍の北上の情報も入ってきていまして、危機感を覚えた日本政府は11日の閣議で内地３個師団の派遣を決定していたのです。（停戦協定の情報がその日の夜に入り、派兵を延期しました）。中国軍のどこが「事実上の敗軍」ですか！

4　本当の犯人は中国共産党だった

発砲者は29軍兵士であることは前記のように間違いありませんが、それでは中国軍の29軍が日本軍に戦争を仕掛けてきたのか、ということになるとどうもそうではなさそうです。副軍長の秦徳純が前記のように言っていますし、また停戦協定の第3項に「本事件は所謂藍衣社、共産党、その他抗日系各種団体の指導に胚胎すること大きに鑑み」と書かれているように、29軍幹部は、はっきりつかんではいないがどうも共産党が怪しいとにらんでいたと見ることができます。

事実、本当の犯人は中国共産党であったのです。その論拠はいくつもあります。

（1）中国共産党が当時最も強調していた主張は、『反日』でした。昭和6年（1931年）

11月7日に共産党は江西省瑞金《ずいきん》を首都とする「中華ソビエト共和国」を樹立しました。その後、蔣介石軍の包囲殲滅作戦により「長征《ちょうせい》」と自称する逃避行の挙げ句、延安に逃げ込んだのですが、この瑞金にいたときの昭和９年（１９３４年）４月26日に日本に対して正式に宣戦布告をしています。いつ日本に攻撃をかけてきても不思議ではありません。

（2）昭和11年（１９３６年）12月の西安事件によって、共産党は蔣介石に共同抗日を強要することに成功しました。これで第２次国共合作が成立したと思っている方もいるかと思いますが、実は正式に第２次合作が実現したのは、盧溝橋事件の３か月後の昭和12年（１９３７年）９月でした。どうしてこうなったかというと、西安事件の後、蔣介石側がいろいろと厳しい条件を共産党に突き付けてきていました。盧溝橋事件の起きた７月の直前には共産党は窮地に陥っていたというのが実態だったからです。それを示す有力な証拠があります。毛沢東の信頼を得て延安に出入りし、毛沢東に直接インタビューをするなど共産党中央の事情に詳しい、エドガー・スノー（注２）は、『中共雑記』（未来社）で次のように書いているのです。

「共産党の運命は再び蒋介石の意中にかかることとなり、……1937年6月には、蒋介石は、……再度、紅軍の行く手を塞ごうとしていた。……共産党は今一度完全降伏に出るか、または北方の砂漠に退却するかを選ぶ事態になったかに見えた」

第2次国共合作どころか、その存続の危機に共産党は追い込まれていたということが、共産党の内部情報に詳しいスノーによって明らかにされているということです。もちろん本の中ではこれには、ちゃんとしたオチがついていまして、この文章に続いて、

「いままた（西安事件に続きの意味）共産党に再度の幸福が訪れ、極めて広く豊かな機会を開いてくれた。翌月（7月）日本の中国一斉侵攻という〈天祐〉が起こり、彼らを不安定な位置から救い出したのである。こうなれば蒋としても、再び完全掃滅作戦に出る計画を放棄するしかなかった」

これは、お分かりのように１００％の嘘です。日本軍側からは、攻撃はおろか、一斉侵攻など全くなかったのですから。すべて事件を日本のせいにし、共産党は幸いにもそれをまぬがれた、また蒋介石側の立場もかばったストーリーに持っていっているわけです。中立を装っていますが、エドガー・スノーの正体は共産党の宣伝マンであることがよく分かります。

（注2）【エドガー・スノー】中国共産党に最も深入りしたアメリカのジャーナリスト。中国、アジア関係の多数の著作があるが、代表作は『中国の赤い星』（Red Star Over China）１９３７年（日本語版は筑摩書房）。毛沢東は農民革命の指導者で、リンカーンのような人物だと書き、そのようなイメージをアメリカに広げた男である。ルーズベルト大統領をはじめとするアメリカ人の共産党認識に大きな影響を与えた。戦後、日本でも広く読まれた。『中共雑記』（Random Notes on Red China）（日本語版は未来社）。

（３）このように危機的な状況に追い込まれた共産党としてできる最も手っ取り早く、効果的な対策といえば、中国軍と日本軍の衝突事件を起こし、中国軍の矛先を共産党ではなく、日本軍に向けさせるように持っていくことでしょう。私にもそのくらいのことは考えつきますので、戦略・謀略にたけた中国共産党指導部がそれを考えないはずはありません。しかし、日本軍と中国軍の双方に発砲するなどという子供っぽいやり方では、簡単にばれてしまいますし、また当時そのような配置に日中の軍が対峙していたわけでもありません。事実、中国側は、行方不明兵士を探させろという口実で日本軍は宛平県城に入ろうとしたと非難しているだけで、発砲を受けたなどとは言っていません。

（4）では共産党はどのようにして事件を起こしたのでしょうか。それは、共産党お得意の「浸透戦術」の活用です。19頁の図表をもう一度ご覧ください。29軍の副参謀長が隠れ共産党員だったのです。参謀、宣伝部門に6名の党員が入っていたことが書かれていますが、各大隊、中隊、小隊に、党員及びシンパを大量に潜り込ませていました。宛平県城は金振中営長（大隊長）が指揮していましたが、戦後回想録で、「(何基豊旅団長―後に共産党員に―の命令に基づき）各中隊に対し、十分な戦闘準備をなすよう指令し、日本軍側が陣地の百メートル以内に侵入したら射撃をしてもよく、敵側が砲火から逃れられないようにせよ」と命じたと記述しています。（『英霊にこたえる会たより第40号』4頁）。

つまり、日本軍の攻撃が切迫しているぞという危機感を隊内で煽り、ちょっとした口実で隠れ党員に発砲させ、動揺を広げていくというやり方です。

何しろ隠れ党員とシンパがたくさんいるので、そういうムードをつくるとそれがたちま ち広がっていってしまうわけです。事件当日、日本軍の演習が終わろうとしていた時、攻撃目標の仮設敵の陣地で軽機関銃の３発点射があり、これを聞いた堤防上の兵士が、暗闇の中ですので、日本軍の襲撃だと叫び発砲をしたのでしょう。暗闇の中の緊張ムードでそれが広がっていったというのが発砲事件の実態でしょう。

共産党が浸透戦術を駆使して謀略を行う組織である、ということを理解していないと、大きな間違いを犯すことになります。何も中国だけのことではありません。アメリカのルーズベルト政権は、共産党に甘いこともあって、第二次世界大戦前後に国務省だけで２００人近い共産党分子が潜入していたことが今では明らかになっています。（注３）

アルジャー・ヒスは、ヤルタ会談の大統領補佐官ですし、ハル・ノートの起草に関係したハリー・ホワイトは共産主義者、中国担当の大統領補佐官ロークリン・カリーはソ連のスパイでした。

アメリカ政府も内部からそれと分からずにソ連の工作を受けていたのでした。中国の国民党はそれに似た、というよりもはるかに大規模な浸透を受けていたのが実際でした。

（注3）『裏切られた自由』（Freedom Betrayed）ハーバート・フーバー著（日本語訳版、草思社）第４章「共産党メンバーの連邦組織への浸透」。また、共産スパイがソ連本国と交信を暗号で行ったのを傍受して、その解読をした文書が『ヴェノナ文書』にまとめられている。ここにスパイの実名が大量に掲載されている。

（5）共産党が仕掛けた絶対的な証拠もあります。これまでの説明でお分かりのように、最初の発砲者が29軍の兵士であることは間違いないとして、それが共産党の謀略であるというのは、飛躍があるのではないか、と思う方もおられるでしょう。しかし、実は共産党が犯人である絶対的な証拠があるのです。

七八通電

事件が起こった翌日の7月8日、中国共産党は延安の本部から、中央委員会の名で徹底抗戦を訴える長文の電報を、蒋介石をはじめとする全国の有力者、新聞などに発信しているのです。８日には、全部で３種類の電信が出されていますが、そのうち最も長い内容で、広範な人々に宛てた電文です。「中国共産党為日軍進攻盧溝橋通電」（日本語訳）〔『新資料盧溝橋事件』（葛西純一編・訳、成祥出版社）〕より引用します。

全国の各新聞・各団体・各軍隊・中国国民党・国民政府・軍事委員会及び全国の同胞諸君へ

7月7日夜10時、日本は盧溝橋において中国の駐屯軍馮《ふう》治安部隊に対し攻撃を開始し、馮部隊に長辛店への撤退を要求した。馮部隊では衝突の発生を許さなかったため、双方はまだにらみ合いを続けている。盧溝橋における日本侵略者のこの挑戦的行為の結果、直ちに大規模な侵略戦争にまで拡大されるか、あるいは外交的圧迫という状況を作り上げ、それによって将来における侵略戦争への導入とするかのいずれを問わず、北平《ほくへい》・天津《てんしん》と華北に対する日本侵略者の武力侵略の危険性はきわめて重大なものとなった。

この危険な情勢はわれわれに、これまでの日本帝国による対華新認識・新政策といった空論が、中国に対する新しい攻撃の準備を隠す煙幕に過ぎなかったことを教えている。中国共産党は既に早くから全国の同胞にこの点をはっきりと指摘してきたが、今やこの煙幕は取り除かれた。日本帝国の北平・天津と華北に対する武力による占領の危険性は、すでに一人一人の中国人の目前に迫っている。

全国の同胞諸君！　北平・天津危うし、華北危うし、中華民族危うし。全国民族が抗戦を実行してのみ、われらの活路あり！　われらは侵攻する日本軍に対し、直ちに断固反撃を加えるとともに新たな大事変に即応する準備を急ぐように要求する。全国の人々は上下を問わず、日本侵略者に一時的な平和や安堵を求めようとするいかなる希望や思惑も、ただちに捨てなければならない。

全国の同胞諸君！　われらは馮治安部隊の英雄的抗戦を称賛、支持しなければならず、国土と存亡をともにするという華北当局の宣言を称賛、支持しなければならない。われらは宋哲元将軍が直ちに29軍全軍を動員して前線に赴き、応戦することを要求する。われらは南京中央政府が直ちに29軍に適切な援助を与えるとともに、全国民衆の愛国運動を解放し民衆の抗戦志氣を発揮させるよう、またただちに全国陸海空軍を動員して抗戦の準備を整え、中国領内に潜伏している漢奸《かんかん》（裏切者）・売国奴らと日本侵略者のすべてのスパイをすぐに一掃し、後方を強固にするよう要求する。

我々のスローガンは——

武装して北平・天津・華北を防衛しよう！

寸土たりとも日本帝国主義の中国占領を許さない！

国土防衛のための最後の血の一滴をささげよう！

全国の同胞・政府・軍隊は団結して民族統一戦線の堅固な長城を築き、日本侵略者の侵略に抵抗しよう！

国共両党は親密に合作し、日本侵略者の新たな侵攻に抵抗し、中国から追い返そう！

中国共産党中央委員会
1937年7月8日

この通信文がどうして、共産党が犯人だという決定的な証拠になるのかといいますと、この電文が7日の夜10時に日本軍が攻撃を開始した、という虚偽を書いていること、そしてこの電文の「発信日」が7月8日となっていることにあります。

まず、29軍兵士からの発砲事件が起こったのは7日午後10時40分です。日本軍の特務機関は、中国側の代表と事態の解決に向けて話し合いをしましたが、日本軍は、翌8日の5時30分になるまで一発の応戦射撃もしていません。ですから、正しくは8日朝5時30分に日本軍は攻撃してきたというべきなのに、なぜ最初の発砲事件の10時に日本軍が攻撃してきたと電信文は書いているのでしょうか?

考えられる理由としては、共産党はこの発砲事件を最初から計画していて、それが狙い通り、「事件」になったことを北京の現場の党員が確認して、延安の本部に知らせ、その情報に基づいて延安の本部の中央委員会が電信文を書いたからである、ということです。８日の朝、日本軍が初めて反撃をしたことが全く出てこないのは、前夜の発砲事件をもとに電文を作成していたからです。

「成功了」(成功した)電報の傍受

このことを裏付ける決定的な証拠があります。平成６年９月８日付「産経新聞」夕刊に、当時支那派遣軍の情報部北平支部長であった秋富重次郎の次の話が掲載されています。

「事件直後の深夜、天津の特殊情報部の通信手が、北京大学構内と思われる通信所から延安の中共軍司令部の通信所に緊急無線で呼び出しが行われているのを傍受した。電信内容は平文《ひらぶん》のミンマで２０５２　０５０１　００５５「成功了」(成功した)

と3回連続して反復送信していた」

これから分かることは、⑴当時の通信事情からすると、北京から延安に長い至急電を打つのは困難で、短い情報を送るしかなかったこと。⑵送られた情報は、計画していた謀略が「成功」して、「事件」になっているということ。⑶従って、この情報だけだと8日に長文の電報を作成したが、そこには「事件」になったあとの事情については、情報がないので、入れることはできず、7日の夜10時の情報しか入っていない、ということです。

結論として、この電文は、7日の北京大学構内から入った謀略は「成功した」という電文に基づき、かねてからの計画していたものを大急ぎで書き、発信したものであることは間違いがありません。

以前、日本外国特派員協会で秦《はた》郁彦教授と中国側の人間が参加して、盧溝橋事件についての討論会がありました。その時に私は質問しまして、「この七八通電」からして、盧溝橋事件は中国共産党が計画して起こした事件であることは否定しようがないと思いますが」といいましたところ、秦教授は「そう考えるしかないと思うが、7月8日発信という日付が間違っている可能性もある」と答えて、中共犯人説を保留していました。

しかし、『新資料　盧溝橋事件』には、7月9日付で発信された、「中国人民紅軍が華北当局及び29軍将兵に宛てた特急電報」、「中国人民紅軍が盧溝橋事件に際して各方面に宛てた特急書簡」の電文が載っていまして、8日の日付の3種類の通信文は、日付に間違いがあったとは考えられません。

「七八通電」を疑う余地はないようです。犯人は間違いなく中共です。

（6）このように、謀略は成功し、いきなり大きな戦いになったわけではありませんが、ともかくは「事件」となりました。共産党はこの事件を大々的に取り上げ「全国の各新聞・各団体・各軍隊・中国国民党・国民政府・軍事委員会及び全国の同胞諸君」に電信文を発信し、「事件」を既成事実の大事件にしようとしたわけです。
ところが、困ったことに軍事衝突はそれほど拡大はせずに、事件発生の4日後には、現地停戦協定が成立してしまったのです。その停戦協定には、共産党の電文が言うような日本軍の攻撃ではなく、事件の責任は中国側にある、と第1項で明記しているのです。そればかりではありません。第3項では「本事件は、所謂藍衣社、共産党、その他各種団体の指導に胚胎すこと大きに鑑み、将来これが対策をなし、かつ取り締まりを徹底す」とまで書かれているのです。事実、この3項細目についての協議が協定締結後に行われ、19日には取り決めが、橋本群《ぐん》参謀長と張自忠38師長、張允栄との間に結ばれています。

停戦協定第3項細目

（1）共産党の策動を徹底的に弾圧す。
（2）日中双方の合作に不適当なる職員は、冀察《きさつ》に於いて自発的に罷免す。
（3）冀察の範囲内に、他の方面より設置せる各機関内の排日色彩を有する職員を取り締まる。
（4）藍衣社、CC団等の如き排日団体は冀察に於いて之を撤去せしむ。
（5）排日的言論及び排日的宣伝機関並びに民衆等の排日運動を取り締まる。
（6）冀察所属の各軍隊、各学校の排日運動を取り締まる。

冀察とは、冀（河北省）察（察哈爾省《チャハル》）と北京市、天津市の政務を処理させるために中国政府がつくった地方政権のことで、緩衝地帯の役割も果たしたものです（１９３５年末から37年8月）。また、ＣＣ団とは、国民党内で情報活動を担った党派のことです。せっかく事件になったのですが、停戦してしまい、さらにこのような取り締まりを受けては元も子もありません。となると、共産党としてはどうするかは明白です。

5　停戦協定破りの実行

なすべきことは反日キャンペーンの大々的な実行と、浸透戦術を駆使した停戦協定破りです。

（1）停戦協定が結ばれた直後にも北京西方にて銃声音が盛んに起こっています。こうした銃声がほとんど毎日起こっていました。日本軍からこんなことをするはずがありません。

（2）13日には天津砲兵連隊第2大隊修理班が数十台のトラックで通州《つうしゅう》から豊台への移動の途中、永定門の南3～400メートルにある大紅門において、38師の中国兵の投げた手榴弾の一発が自動車上で炸裂し、それがガソリンに引火して4名の兵士が死亡する事件が起きました。

（3）14日、天津駐屯騎兵隊が通州を経由して豊台に向かいました。その夜の11時ごろ無事目的地に着きましたが、落鉄のためにおくれた大垣軍曹と近藤2等兵が馬を引いて団河付近を通行中、中国兵の機関銃による狙撃を浴びました。大垣軍曹は高粱《こうりゃん》畑に難を逃れましたが、近藤2等兵はその場で射殺されました。

（4）その後も日中両軍に向けた発砲を偽装するいわゆる「中間策動」が続発します。そのうちの曹家墳付近について、22日に憲兵分隊長赤藤中佐が、便衣《べんい》の（軍服ではなく平服を着た）密偵を派遣して調べさせたところ、住民からの情報で毎晩のように便衣の青年10名ほどが来て土砲と爆竹をパンパンやり始めることをつかみました。その夜、密偵たちが高粱畑に身を潜めて待っていると、果たして10余名の便衣が一列縦隊で部落のかげから姿を現し、指揮者の合図で爆竹に点火しました。けたたましい爆音と閃光、濛々たる白煙が地を這いました。密偵たちは躍り出てたちまちその数名を逮捕します。

彼らは密偵を29軍と勘違いしたらしく、リーダー格の一人が率直に「我々は学生です、救国のために、こうして日本軍の側面を脅威しているのです。許してください」と釈明しました。さらに調べてみると、彼らは精華大学の学生を中心とし、共産党の指導下、日支両軍の交戦地帯の中間に潜入し、土砲や爆竹で両軍を刺激することによって事変の拡大を企図していることが明らかとなりました。(『盧溝橋事件―日本の悲劇』寺平忠輔著〈当時大尉、北平特務機関補佐官〉読売新聞社、昭和45年刊　282～287頁)。

(5)このように、共産党は中間策動などによって事件の拡大を図っていましたが、これは単に学生を使ってなどという程度のものではありませんでした。コミンテルンが事件拡大を指令していたのです。「コミンテルン指令」(次頁)をご覧ください。これは興亜院政務部の作成した資料「コミンテルンに関する基本資料」に載っているものです。

①のあくまで局地解決を避け、日中全面衝突に導かねばならない、というのは当初からの方針で、「七八通電」でもそれを主張しています。

②はいかにも共産党らしく、局地解決を図ろうとする要人は「殺せ」とまで言っているわけです。いかに全面戦争に持って行きたかったかがうかがえます。こうした方針に従って、停戦協定破りを遂行していったわけです。

これを受けて、延安の共産党本部からは中央委員会の名で、7月23日には全国の新聞社、団体、国民党、国民政府などあてに、「第二次宣言」を発しています。（43頁）停戦協定3項目内容を歪曲するとともに、日本側提起の3条件の遂行を拒否せよと迫っています。

コミンテルン指令（1937年7月）

①あくまで局地解決を避け、日中全面衝突に導かなければならない。

②右目的貫徹のためあらゆる手段を利用すべく、局地解決や日本への譲歩によって中国の解放を裏切る要人は抹殺してもよい。

③下層民衆階級に工作し、彼らに行動を起こさせ、国民政府をして戦争開始のや

むなきに立ち至らせねばならない。

④党は対日ボイコットを全中国に拡大し、日本を援助する第3国に対してはボイコットを以て威嚇せよ。

⑤党は国民政府軍下級幹部、下士官、兵並びに大衆を獲得し、国民党を凌駕する党勢に達しなければならない。

この資料については、資料は国会図書館にあるが、コミンテルンが出した原文がないということで、信頼できないといった見方もある。しかし、日本の国家機関である興亜院が、全く根拠不明の資料を正式に資料集に載せるといったことはまずありえない。また内容からしても、当時共産党の考え方そのものであり、7月23日付の二次宣言とよく符合している。『新資料　盧溝橋事件』（葛西純一編訳、成祥出版社）より抜粋。

第二次宣言（1937年7月23日）

……各方面の消息によれば、冀察当局宋哲元は既に日本側提起の下記3条件を受け入れたことが明白である。

つまり、⑴冀察当局が日本側に謝罪すること。⑵29軍は北平・天津・盧溝橋・永定河以東から撤退すること。⑶民衆の抗日運動を弾圧し中日共同防共を実行することである。……

全国の同胞諸君！　われわれは、宋哲元の屈辱的投降の「既成事実」やいわゆる中日「現地解決」に対して、決して黙認したり、弱腰になったりしてはならない。

冀察当局宋哲元に対し日本側の提起3条件遂行を拒否し、29軍全軍を率いて全力抵抗するよう直ちに命令すること。（以下略）

（6）停戦協定破りはいよいよ公然たるものになってきました。7月25日の夜、「廊坊《ろうぼう》事件」が発生します。北京と天津の中間にある廊坊駅付近の電線修理及び鉄路保護の任務をおびて天津から派遣された電信隊1個中隊が、夕刻から宿舎の問題で中国側と交渉中、やがて中国軍は同中隊を包囲し、午後11時半ついに軽機関銃射撃を浴びせかけてきました。電信中隊は、上司に報告した時点までは一発も応射していません。急を聞いた天津軍司令部は、とりあえず五ノ井中隊を現地に派遣しましたが、真夜中ごろになって同中隊もまた数倍の敵の重囲に陥り、危機刻々に迫るとの無電を受け、総予備の鯉登《こいと》連隊を急派します。敵主力はたちまち敗走しましたが、重大事態になりかねない事件でした。

（７）翌日には「広安門事件」が起きました。廊坊事件をうけて26日、松井機関長は宋哲元に対して北平城内の居留民保護のため、北平城内の37師を城内から撤退させる香月《かつき》司令官の通告を秦徳純副軍長に手交しました。当時、北平城内にとどまっていた邦人は約２千人で、日本軍はわずか歩兵２個中隊。対して37師は３個旅団を駐屯させていました。26日明け方、広部少佐の率いる第２大隊が天津から北平に向かいました。37師の桜井顧問が川村機関員を帯同して乗用車で北平の広安門へ着くと顔なじみの37師王連長と警察分所で会います。

広安門が巡警の手で大の字に押し開かれました。ところが29軍幹部間に撤退を巡って意見が分かれ、一度開かれた城門が再び閉じられ、入城を阻止しようという兵が配置されます。寺平補佐官の秦徳純副軍長への説得があり、再び城門は開けられました。しかし、３

台目の車両が入城しようとした時、城壁上の中国兵が発砲してきて戦闘状態となりました。広部大隊長は全速力を命じ、銃声爆声が炸裂するさなかを、トラック隊は応戦しつつ12台まで入城し、そのあとは城外に残らざるを得ませんでした。入城した部隊は140名。新聞記者まで、手榴弾を投げ中国軍の包囲を撃退しました。

29軍側が特務機関に事態収拾案を持ってきましたが、日本側は入城した兵は日本人居留民保護が目的なので引き揚げることはできないと主張し、公使館区域への邦人引き揚げを無事に実施することができました。

6　遂に開戦通告へ

（1）盧溝橋事件の発生翌日の7月8日、陸軍中央と外務省は直ちに不拡大・現地解決の方針を決めました。そしてその後も紛争・戦争は拡大していったのですが、不拡大方針という基本方針は堅持されていたのです。もともと、戦争をする必要も必然もなかったのですから、ある意味では当然ともいえます。しかし、不拡大方針にもかかわらず、現実の事態に引きずられて実際には拡大していってしまったということは、大きな問題と思います。

（2）さて、不拡大方針のもとですが、7月11日にはすでに述べましたように、内地3個師団の派遣が閣議決定しました。国民党中央軍の北上情報が伝わってきまして、もともと5600人しかない支那駐屯軍では、中国側が計画的な武力攻撃を行ってきたら、とても邦人の安全を守ることができないばかりか、部隊も全滅しかねないということで、この閣議決定がなされました。ところが、その日の夕方、現地停戦協定が成立したことが分かりまして、この閣議決定は保留とされることになりました。

（3）7月20日、停戦協定の第3項目の排日取り締まりに関する細目協定が成立したにもかかわらず、保安隊と交代するために撤退するはずの盧溝橋城（宛平県城）の中国軍が突如、日本部隊に一斉射撃を仕掛けてきました。これまでも停戦協定違反は数々ありましたが、この事態を重くみた日本政府は、動員発令後も事態が好転すれば直ちに復員するという条件付きで、陸軍中央が前日に内定していた内地3個師団派兵を承認しました。2度目の派兵決定です。しかし、22日、北平市内の37師が保定方面への撤退を開始したことが分かり、陸軍中央は再度内地師団の派兵を見合わせることに決定しました。

（4）蒋介石は、共産党の要求によって、盧山《ろざん》に全中国の政、学、財、言論界の有力者及び共産党代表150名余を招集して会議を開き、17日に「最後の関頭《かんとう》」と題する談話を発表し（公表は19日）、全将兵に対して抗戦を呼びかけました。共産党のキャンペーンが効力を発揮していることを示しています。反日の世論に抗せないという状況になっていたのでしょう。前述の3個師団派遣決定もこの声明の影響もありました。

蒋介石

（5）25日の廊坊事件を踏まえ、香月清司駐屯軍司令官は、宋哲元に対して29軍の北平城内、盧溝橋などからの撤退を求める最後通告を発しました。ところが、26日に前記のようにこれに違反する広安門事件が起こり、その処理を巡って29軍の意見が分裂する事態となりました。これに対して、軍司令部は27日、宋哲元に対し開戦の通告文を送付、28日より攻撃を開始しました。

軍司令部の宋哲元に対する開戦通告

協定実行の不誠実と、屡次《るじ》の挑発行為とは、もはや我が軍の隠忍する能《あた》わざる所なり。就中《なかんずく》、広安門における欺瞞行動は、わが軍を侮辱すること甚だしきものにして断じて許す能わず。軍は茲《ここ》に独自の行動を執ることを通告す。なお北平城内に戦禍を及ぼさざる為、即刻全部の部隊を城内より、撤退することを勧告す。

昭和12年7月27日

（6）戦爆連合の大編隊をさきがけとして、第20師団および関東軍からの2個旅団とともに、南苑《なんえん》の中国軍を包囲攻撃し、夕方までに撃破し終わり、29日には盧溝橋およびその南方に進出し、永定河左岸地区を確保しました。宋哲元はまじめに抗戦するつもりはなく、いち早く保定方面に敗走し、平津《へいしん》掃討作戦は、わずか1日で終了しました。

第2章　通州事件

1　事件の概要

平津《へいしん》掃討作戦は29日には終了したのですが、29日早暁、思わぬところで大事件が勃発しました。北平《ほくへい》（北京）の東20キロほどのところに通州《つうしゅう》という町があります。（51頁図）当時、親日的な冀東《きとう》防共自治政府（長官：殷汝耕《いんじょこう》）が置かれていた町で、450人ほどの日本人（朝鮮人含む）が居留していました。通州には支那駐屯軍歩兵第2連隊（萱島高《かやしまたかし》大佐）が配置されていたのですが、28日に29軍の根拠地・南苑攻撃に出撃し、城内には100人余りの守備隊しか残されていませんでした。この隙をついて、かねてから計画していた保安隊第1総隊長張《ちょう》慶余《けいよ》、第2総隊長張硯田《けんでん》が、教導総隊を含む3000人の保安隊を率い

非武装地帯と満洲の位置（塘沽停戦協定）

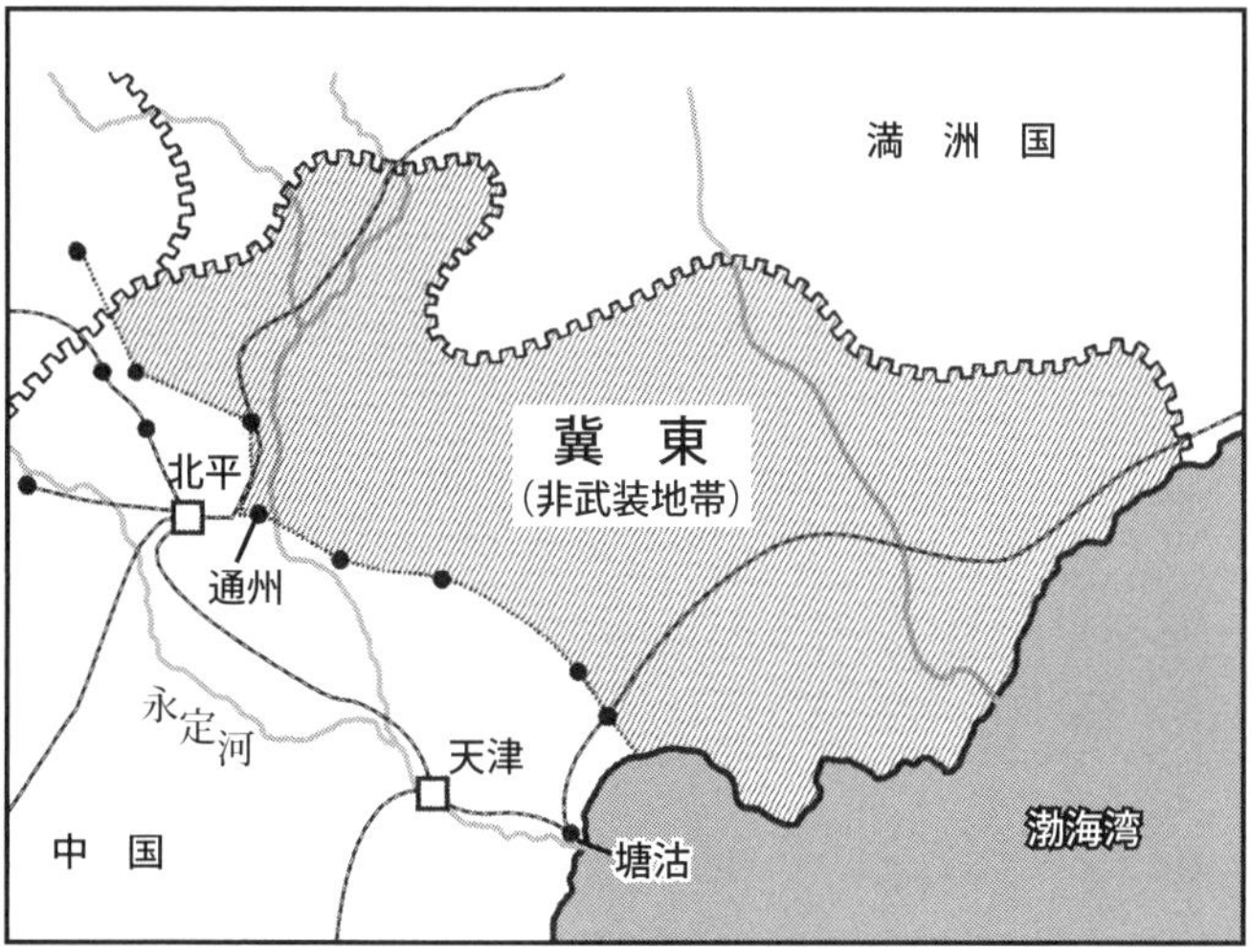

て反乱を起こしたのです。

まず、城門を閉鎖し、電話線を切断して外部との連絡を遮断。午前3時に日本軍守備隊を襲って制圧し、特務機関を全滅させました。細木繁特務機関長をはじめ、保安隊を指導する立場にあった日本軍要員を殺害、守備隊の大部分も殺害しました。

次いで青龍刀と銃剣で武装した反乱軍は、無辜《むこ》の日本人民間人に襲いかかりました。日本人の住む家屋はことごとく襲撃の対象となり、家の中から日本人が次々と引き出され、凌辱され、殺害されました。これを率先して実行したのは、教導総隊の学生服を着た部隊でした。

虐殺場面には支那人居住者が現場を取り囲んで多数見物していましたが、誰一人として保安隊の蛮行を制止する者はいませんでした。彼らは、日本人を群集の目の前で全裸にし、撲殺、強姦、陰部刺抉《しけつ》、眼球抉《えぐ》り取り、内臓引き出しなどの天人《てんじん》ともに赦《ゆる》さざる猟奇の蛮行を繰り広げたのです。処刑場では集団銃殺が行われました。女性多数が惨殺された日本旅館は血の海となりました。

犠牲者数は、天津警察通州分署の公式記録（氏名・男女・年齢・住所など記入あり）によると次の通りです。

死者：内地人114人（生存者94人）、朝鮮人111人（生存者129人）、

居留民合計225人。守備隊32人、合計257人。

当時、北支を取材で訪れていたアメリカ人ジャーナリストのフレデリック・ヴィンセント・ウィリアムズが書いているように、「古代から現代までを見渡して最悪の集団屠殺《とさつ》として歴史に記録されるだろう」というべき大虐殺劇であったのです。（『中国の戦争宣伝の内幕』田中秀雄訳、芙蓉書房出版　33頁）。

2　犯行現場の目撃者の証言

事件の実態については、膨大な新聞、雑誌などの取材記事、脱出者の手記、生存者の証言、戦後現場に入った日本軍部隊の責任者の東京裁判における証言などによって知られてきました。『新聞が伝えた通州事件 1937－1945』（藤岡信勝・三浦小太郎・但馬オサム・石原隆夫―編、集広舎　２０２２年）には２７５件の新聞記事が収録されています。

東京裁判では、珍しく事件についての宣誓供述が認められ、３人の日本軍関係者が証言しました。萱島高第２連隊長、桂鎮雄第２連隊歩兵隊長代理、桜井文雄第２歩兵連隊小隊長のうち、一部を紹介しましょう。

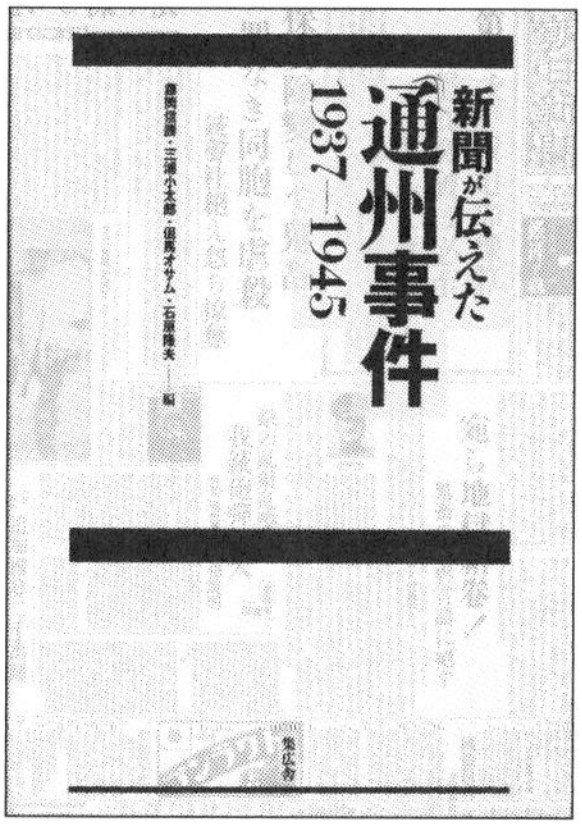

・萱島第2連隊長

「……通州に到着したのが午后《ごご》四時であります。到着する迄に通州に在《あ》る日本人が大量虐殺されたこと、守備隊も苦戦に陥り全滅に瀕《ひん》していると云う情報を断片的に知りまして、我々は殆ど休憩もせず大急行で通州に参りました。我部隊が通州に到達するのを見て敵は東北方に退却して姿を見せません。従って我々は戦闘を交えることなく通州に入城しました。

……私は私の目撃したことを主として記憶をたどり陳述します。然《しか》しそれは余りにも残酷でありましたので、私は一生忘れることの出来ない印象となって頭に残って居ります。

一、旭軒とか云う飲食店を見ました。そこには四十から十七、八歳迄の女七、八名は皆強姦され、裸体で陰部を露出した儘《まま》射殺されて居りました。其《そ》の中四、五名は陰部に銃剣で突刺されてました。家の入口には十二、三歳位の男子が通学姿で射殺されていました。家の内は家具、布団、衣類等何物もなく掠奪されていました。其の他の日本人の家屋は殆んど右同様の情態でありました。

二、商館や役所の室内に残された日本人男子の屍体《したい》は射殺又は刺殺せられたものでありますが、殆んどすべてが首に縄をつけ引き廻した形跡があり、血潮は壁に散布され全く言語に絶したものでありました。

三、錦水楼と云う旅館は凄惨でありました。同所は危急を感じた在通州日本人が集まった所でありましたものの如く大量虐殺を受けております。玄関、入口付近には家財、器具破壊散乱し目ぼしきものは殆んど掠奪せられ、宿泊していた男子四名は座敷で射殺されていました。錦水楼の女主人や女中等は珠子繋ぎにされ手足を縛《ばく》した儘《まま》強姦され、遂に斬首されたと云うことでした。

四、某《ぼう》日本人は夫婦と嬰児《えいじ》と三名で天井裏に隠れ、辛じて難を逃れていましたが、其の下で日本人が次から次へと虐殺されてゆくのを見たと私に告白していました」

ところが、１９９０年代になって、蛮行の現場を同時進行で目撃した人物がおり、その体験を詳細に証言していたことが分かりました。佐賀県基山《きやま》町にある因通寺《いんつうじ》の先代住職だった調《しらべ》寛雅《かんが》氏は１９９７年に『天皇さまが泣いてござった』（教育社）という著書を出版し、その中に支那人の夫とともに通州に住み、事件に遭遇したが、支那人に偽装して夫の肩越しに現場を目撃した佐々木テンという女性の証言を掲載したのです。

すでに絶版となっていたこの本を、藤岡信勝教授が編著者となって２０１６年に『通州事件　目撃者の証言』（自由社）として出版しました。

眼をそむけたくなるような話が次々に語られています。次の話は91～１００頁に載っている話の一部です。

「……みんなで集まっているのは女の人を一人連れだして来ているのです。何とその女の人はお腹が大きいのです。７ヶ月か８ヶ月と思われる大きなお腹をしているのです。……一人の学生がこの女の人の着ているものを剝ぎ取ろうとしたら、この女の人が頑強に抵抗するのです。

とそのときです。一人の日本人の男の人が木剣を持ってこの場に飛び込んできました。そして「俺の家内と子供に何をするのだ。やめろ」と大声で叫んだのです。……学生の一人が何も言わずにこの日本の男の人に青龍刀で斬りつけました。するとこの日本の男の人はひらりとその青龍刀をかわしたのです。そして持っている木刀でこの学生の肩を烈しく打ちました。……7～8名もの支那の兵隊たちがこの男の人にジリジリと詰め寄ってきましたが、この日本の男の人は少しも怯《ひる》みません。……でもこの日本の男の人の働きもここまででした。……日本の男の人が倒れると、残っていた兵隊や学生たちが集まりまして、この男の人を殴る蹴るの大乱暴を始めたのです。……そしてあの見るも痛ましい残虐行為が始まったのです。

それはこの男の人の頭の皮を学生が青龍刀で剝いでしまったのです。……頭の皮を剝いでしまったら、今度は目玉を抉《えぐ》り取るのです。……目玉を抉り取ると、今度は男の人の服を全部剝ぎ取りお腹が上になるように倒しました。そしてまた学生が青龍刀でこの日本の男の人のお腹を切り裂いたのです。縦と横とにお腹を切り裂くと、そのお腹の中から腸を引き出したのです。ずるずると腸が出てまいりますと、その腸をどんどん引っ張るのです。人間の腸があんなに長いものとは知りませんでした。

……ハッと目をあげてみると、青龍刀を持った学生がその日本の男の人の腸を切ったのです。……1尺づつぐらい切り刻んだ学生は細切れの腸を、さっきからじっと見ていた妊婦のところに投げたのです。このお腹に赤ちゃんがいるであろう妊婦は、その自分の主人の腸の一切れが頬に当たると「ヒーッ」と言って気を失ったのです。

……すると兵隊が駆け寄って来て、この妊婦の人を仰向けにしました。……剣を抜いたかと思うと、此の妊婦のお腹をさっと切ったのです。赤い血がパーッと飛び散りました。……妊婦の人がギャーという最期の一声もこれ以上ない悲惨な叫び声でしたが……。

お腹を切った兵隊は手をお腹の中に突っ込んでおりましたが、赤ん坊を探しあてることが出来なかったからでしょうか、もう一度今度は陰部の方から切り上げています。そしてとうとう赤ん坊を掴み出しました。……片手で赤ん坊を掴み出した兵隊が、保安隊の兵隊と学生達のいる方へその赤ん坊をまるでボールを投げるように投げたのです。……赤ん坊は大地に叩きつけられることになったのです。何かグシャという音が聞こえたように思いますが、……どうもこの赤ん坊は兵隊や学生達が靴で踏み潰してしまったようであります」

3　証言を裏付けるもの

こんなむごたらしい話は、後からでっち上げた作り話だと思うかもしれません。しかし、萱島連隊長が東京裁判で証言した現場の実状と相通ずるものであり、むしろそれを裏付けるものと見たほうが良いと私は考えます。

さらに、中国人がこれと酷似した蛮行をモンゴル人に対して文化大革命のときに行っていたことを静岡大学の楊海英《ようかいえい》教授が調査資料から行っていることを三浦小太郎さんが紹介しています。

次の記録は、楊教授が配布した資料「中国による性犯罪を国際社会は裁くべきである」の一部です（『通州事件　日本人はなぜ虐殺されたのか』藤岡信勝・三浦小太郎編著、勉誠出版2017年）。

「中国政府と中国人が主導したモンゴル人ジェノサイドについて、私は5冊の第一次史料を日本で刊行し、研究してきた。このうち第5冊は『被害者報告書』からなっており、女性たちが経験した性的被害を記した記録である。その数例を紹介しよう」

「まず、内モンゴル自治区西部のトゥメト地域での実態を見てみよう。例えば、四家堯人民公社では共産党書記の白高才は中国人たちを集めて、モンゴル女性を逆さまにしてその陰部を縄で引き、大けがをさせた。中国人たちは妊娠中の女性の胎内に手を入れて、その胎児を引き出した犯罪も働いた。中国人たちはこれを『芯を抉り出す』（控芯）と呼んでいた」

「実際、ワンハラという女性を中国人たちは「民族分裂主義者」だと決めつけ、彼女に対して『芯を抉り出す』暴虐を実施した。手を陰部に入れて子宮まで達し、四か月になっていた胎児を引き出した。彼女はこの暴挙が原因で亡くなった」

佐々木テンさんが語った目撃証言とその本質があまりにも似ていることに驚きませんか。つまり、こうした蛮行は中国人固有というか、伝統的な行為であると考えざるを得ません。

もうひとつ、通州事件の暴虐の解釈として、日本人の中国人に対する過酷な扱いがいかにひどいものであったのか、それに対する反発だったのではないかという見方をする人もいるようです。

しかし、それは誤った思い込みによる推測です。ではなんで、モンゴル人に対して「同じような」暴虐を働いたのですか？　という疑問に答えることができないでしょう。それと肝心なことですが、中国に駐屯していた日本軍は、中国人に対して暴行殺害といった不法行為をほとんど行っていませんでした。

盧溝橋事件、通州事件が起こった１９３７年までの1年間を取ってみましょう。この間における、日本軍による中国市民殺害は、１件も起こっていません。ところが、62頁の図

相次ぐ反日テロ事件(1936年)

・１９３５年11月９日、上海海軍陸戦隊中山秀雄１等水兵射殺される。
・１月21日、角田汕頭領事館巡査射殺される。
・６月30日夜、青島で大工の岩田軍三が14,5名の中国人に襲われ危篤状態に。
・７月10日夜、上海で三菱商事社員萱生鑛作が自宅付近で頭を撃たれて即死。
・８月20日、長沙の湘南旅館に爆弾投擲。邦人１名軽傷。
・８月21日、北京で森川太郎(朝鮮人)が第２９軍兵士に殴打され、重傷。
・８月24日、成都事件。日本の新聞記者４名が暴徒に襲われて２人死亡。２人重傷。
・９月３日、広東省北海で薬屋「丸一洋行」を営む中野順三が』食事中自宅に乱入してきた抗日団体によって殺害される。
・９月17日夜、汕頭の日本人商店に爆弾が投げこまれたが、不発。
・９月18日、豊台で演習帰りのも本軍一個中隊の小岩井光夫中尉の乗馬が、馮治安軍兵に殴打され、さらに看護兵が暴行された。
・９月19日、漢口の日本租界と旧英国租界の境目で巡邏中だった吉岡庭二郎巡査が後ろから近づいた中国人に後頭部を打たれて即死した。
・９月23日夜、上海の海寧路を歩いていた４名の日本水兵を数名の中国人が狙撃した。田港二等水兵が即死。２名が重傷。
・９月27日、長沙の湘潭日清汽船の事務所およ倉庫に放火(大事には至らず)。
・10月21日夜、上海で海軍陸戦隊関係者が、中国人５名に襲われ、服をずたずたに裂かれ、歯をおられる重症を負った。
・11月２日、湖南省長沙で在留３０年の山岸賢蔵が自宅で襲われ負傷
・11月５日、上海で妻と子供と散策中の鹿児島茂が、ナイフで襲われ、首に怪我をした。
・11月11日夜、上海で高瀬安治(笠置丸船員)が散策中に銃撃を受け即死。
・11月25日、上海の光明洋行で店員の林邦彦が硫酸瓶を投げつけられ肩に当たったが、無事だった。瓶には「日本人を皆殺しにせよ」と伝単がつけられていた。

＊１年間に１７件(前年末を加えると１８件)のテロ事件がおきている。

表をご覧ください。盧溝橋事件、通州事件の起こった前の年の1年間に、中国人による日本人に対するテロ事件は17件（前年の12月を加えると18件）も起こっているのです。その結果、死者7名、重傷者9名、軽傷者4名、その他器物破壊など4件という被害を被っているのです。漠然と日本軍が横暴な振る舞いをして中国人をいじめていた、といったイメージをお持ちの方もいらっしゃるかも知れませんが、それは全くの見当違いです。

この1年間に日本兵による中国市民に対する暴行殺害など1件もなかったにもかかわらず、中国人による日本人殺害・暴行がこの表のように行われていたというのが実態なのです。反日は、政府、軍閥、知識人などのプロパガンダによるところが大きな原因であって、日本軍、日本人が不当なことをしているためではないのです。

4　なぜ事件が起こったのか？――誤爆原因説の誤り

ではなぜ、このような悲惨な事件が起こったのでしょうか？

現在通説となっているのが、日本軍の飛行機が27日に誤って保安隊に爆弾を投下したので、日本軍の攻撃と誤解した保安隊が29日深夜に反乱を起こしたというものです。小学館の『日本大百科全書』には「……日本軍は1937年7月27日、第29軍掃討のため通州を爆撃、自治政府保安隊に大きな被害を与えた。このため保安隊は自治政府に反乱を起こし、……在留日本人・朝鮮人二百数十人を殺害した」

しかしこの誤爆は、実際はどのようにして起こったのでしょうか。

通州には支那駐屯軍歩兵第2連隊（連隊長：萱島大佐）約1200人の主力が7月18日以来、守備隊として駐留していましたが、萱島隊は南苑《なんえん》での作戦に出動する任務を与えられました。通州の城外の南側にある宝通寺に中国29軍約千名が駐屯していました。こうした状況で、通州を空にするのは危険であったので、特務機関と萱島部隊長は29軍に27日午前3時までに武装解除して北京方面に退去するよう要求しました。

しかし、この要求が完全に無視されたので、萱島隊は27日午前4時、国民党を掃討する作戦を敢行しました。天津の本部に航空隊の支援を求めました。午前8時45分頃8機の偵察機が通州上空に達し、29軍攻撃を開始しました。通州城周辺に29軍に隣接して保安隊の幹部の訓練場があり、そこを8機のうちの1機が、29軍と誤認して爆撃したというのが誤爆の真相です。操縦兵が満洲から転じてきたばかりで現地の地理に不案内の少年兵でした。細木特務機関長は直ちに冀東《きとう》政府の殷汝耕長官に陳謝するとともに、現場を視察、遺族の弔慰に奔走し、事は収まったというのが実態です。

では、なぜこの誤爆原因説が反乱の主原因であるという説が広まったのかといいますと、森島守人《もりと》という当時事件の処理にも携わった外交官が、戦後１９５０年（昭和25年）に『陰謀・暗殺・軍刀』（岩波新書、１９５０年）という本を書きました。その中で「誤って一弾を冀東防共自治政府麾下《きか》の、すなわち我が方に属していた保安隊の上に落とすと、保安隊では自分たちを攻撃したものと早合点して、先んじて邦人を惨殺したのが真相で、巷間の噂と異なり、殷汝耕には全然責任がなく、一に我が陸軍の責任に帰すべきものであった」と書きました。

当時事件の処理にかかわった外交官ということもあり、この話を信用する人が多かったのでしょう。しかし、この本が出版された１９５０年はアメリカの占領下にあり、厳格な言論統制が行われ、30項目検閲指針の第９項として「中国への批判」は禁じられていたことを考えるべきです。あれだけの犯罪を中国側には何の責任もないというとんでもない論になっているわけです。また、この論が秦郁彦教授の『日中戦争史』（河出書房新社1961年）に採用されたことなどもあり、歴史学界の通説にまでなっていったのです。

5　誤爆説を完全否定する実行犯の手記

学界の通説だからといって正しい保証などありません。誤爆説は何とその実行犯が正々堂々と否定していることがその後明らかとなりました。別にあの説は間違っているなどと言っているわけではありません。前述しましたように、反乱の首謀者は、保安隊の第1総隊長の張慶余です。張慶余は1961年に「冀東《きとう》保安隊通州県反正始末記」と題する手記をまとめています。反正とは反乱を起こすという意味です。

この文章は1982年10月に、中国人民政治協商会議天津市委員会文史資料研究委員会が編集する『天津文史資料撰輯《しゅう》』第21輯（天津人民出版社刊）に収められて公表されました。次いで、1986年8月に中国文史出版社から刊行された『七七事変―原国民党将領抗日戦争親歴記』の中の一編として採録されました。つまり中国の公文書として刊行されたのです。ではそこにどう書かれているのでしょうか。要旨です。

①１９３３年5月、蒋介石政権は日本と屈辱の塘沽《タンクー》停戦協定を結び、冀東は非武装地帯とされた。蒋介石政権は密かに華北省主席の于《う》学忠に命じ、河北省政府の名義で５つの特殊警察隊を設立させ、冀東地区に送って守備につかせた。于は張慶余と張硯田を第１、第２の総隊長に任命した。特殊警察隊は保安隊と改称した。

②１９３５年、宋哲元が冀東政務委員会の委員長になったので、張慶余と張硯田は、宋哲元に面会した。宋哲元は「二人は愛国者だとよく聞いている」とし、１万元の資金をそれぞれに渡して激励した。

③盧溝橋事件が起こると、宋哲元が北平にいなかったため、張慶余は行動指針を問うため腹心を河北省主席馮《ふう》治安の下に派遣した。主席は「戦争が始まったら、通州で反乱を起こす」よう指示し、部下に命じて張慶余と張硯田の総隊を戦闘序列に編入した。

④張慶余と張硯田は、事件の前日に細木特務機関長の下で29軍との戦いの作戦を打ち合わせた。細木特務機関長は、張慶余に地図を見せながら作戦を立てるよう求めたが、張慶

余は「自分たちは学がないから、そういうことはできない。むしろあちこちに分散している保安隊の兵力を、一カ所に集めたらどうか」と進言し、細木機関長は同意した。

⑤28日夜12時に反乱を起こすことを決め、通州の城門を閉じ、市内の交通を麻痺させ、電信局と無線台を占領した。

このように、通州事件は2年も前からひそかに反乱計画をたてていて実行した、完全に計画的な事件だったのです。この手記には、誤爆事件などという本筋から外れたことについては、何の記述もありません。現場を知っているつもりの日本の外交官のお粗末な状況認識の程度がまざまざと知れるではありませんか。考えてみれば、誤爆に怒り狂ってしかも翌日に整然と日本人大量殺戮を保安隊が行うなどということができるというのがおかしなことです。こんなお粗末な外交官の思い込みを重要視して通州事件誤爆説を主張する学者も学者です。１９８０年代には『大東亜戦争への道』で中村粲《あきら》教授が張慶余手記などをもとに誤爆説を批判し、そのほかにもこれを取り上げる人も現れました。小学館の『日本大百科全書』は直ちに改訂すべきです。

なおもう一つ付け加えますと、保安隊の反乱は通州だけで起こったのではないということです。29軍の指揮の下、５カ所で保安隊が決起し、いずれも鎮圧されました。天津では、保安隊４千、29軍正規兵２千の合計６千が決起、危うく租界の居留民大虐殺が起こりかねない状況となりましたが、飛行機と大砲をもって反撃した日本軍がこれを阻止しました。何も、誤爆に怒った保安隊が通州だけで起こした事件などではなく、通州反乱は29軍側の計画的な攻撃の一環だったのです。

6　通州事件が「暴支膺懲」を煽る宣伝に利用されたという虚説

世紀の猟奇的虐殺事件に怒るのは当然のことです。すべての主要紙がこれを大々的に取り上げたことは、前掲の『新聞が伝えた通州事件　1937－1945』に掲載されている通りです。「暴支《ぼうし》膺懲《ようちょう》」を叫ばざるを得ない大事件です。新聞記事・写真は誇張でも何でもなく、実際に起こった無辜の一般市民大量虐殺です。

これを「宣伝」「プロパガンダ」という人は、どういうセンス・考え方を持っているのか、理解に苦しみます。実際に起こったことを伝えるのが、どうしてプロパガンダになるというのでしょうか？　そして、次の事実をどう考えるのでしょうか。

政府は「暴支膺懲」の世論が高まるなか、画期的な和平案を決定

7月29日に事件が起こり、その後各紙に大々的に取り上げられ、「暴支膺懲」が紙面に躍るようになりますが、8月4日、首相、外務、陸海軍の合意により、「船津《ふなつ》和平案」と呼ばれる、画期的な和平案を政府は決定しました。満洲事変以後、日本が北支《ほくし》で得た権益のほとんどを放棄しようというものです。元上海総領事の船津辰一郎を通して、和平を働きかけることになりました。第一回目の交渉は8月9日に行われました。

この結果については、第3章「上海事変」で述べることにしますが、こんな思い切った和平案を暴支膺懲世論の中で政府は行おうとしていたのです。宣伝を煽るのとは全く逆の和平策を考えて実行しようとしていたのです。それなのにまったく勝手な思い込みに基づいて、暴支膺懲を煽る宣伝を行ったと主張するとはなんということでしょう。要するに、日本政府・軍が中国侵略を進めようとしていた、という強い思い込みがあってのことでしょ

うが、大間違いと言わなければなりません。
政府は不拡大方針を何とかして推進しようとしていたという明白な証拠がこの船津和平案であると私は考えています。

船津和平案

〈停戦案〉

- 塘沽停戦協定、梅津・何応欽《かおうきん》協定、土肥原・秦徳純《しんとくじゅん》協定など、日本に有利な北支那に対する軍事協定をすべて解消する。
- 非武装地帯を作る。
- 冀東・冀察政権を解消し、南京政府の下に置く。
- 日本駐屯軍の兵隊は以前と同じ状況に戻す。

〈国交調整案〉

- 支那は満洲国を承認あるいは黙認すること。
- 日支防共協定を締結する。

・排日取り締まりを徹底する。
・上海停戦協定を解消する。
・日本機の自由飛行を廃止する。
・冀東特殊貿易（低関税貿易）を廃止し、非武装地帯海面での支那側密輸取り締まりの自由を回復する。

中国人に対する報復行為が日本国内で起こっていない事実

かつて類例を見ない悲惨極まりない日本人市民虐殺が起こったので世論は激高しました。しかし、にもかかわらず日本にいる中国人に対する報復攻撃が起こっていないことは注目されるべきことです。

1931年に満洲で万宝山《まんぽうざん》事件が起こりました。朝鮮人（日本国民）約200人が長春の北西に位置する万宝山に入植していましたが、朝鮮人が水路を引く工事を始めたことに反発した中国人農民100人が工事の中止を求め、銃をもって実力行使に出ました。この時『朝鮮日報』は、朝鮮人に多数の死者が出たと誤報しました。これに怒った朝鮮人は、朝鮮半島でも日本内地でもチャイナタウンなどの中国人に対する襲撃を繰り広げたのです。その結果、中国人に１０９人の死者、そして１６０人の負傷者が出るという大惨事となったのです。

こうした反応のほうがむしろ一般的で、日本のように中国人襲撃に全く出ないという反応のほうが異例というべきかもしれません。アメリカ人ジャーナリストのフレデリック・ウイリアムズは前出の『中国の戦争宣伝の内幕─日中戦争の真実』（田中秀雄訳、芙蓉書房出版　２００９年）で、通州虐殺後の日本人の反応を次のように述べています。

「こういう事件が起こっているときも、その後も、日本帝国に住む6万人の中国人は平和に生活していた。彼らの生命や財産は、日本人と混然一体となった友好的な社会関係の中で守られていた。私は横浜のチャイナタウンを歩いたことがある。他の街でも遊んでいる中国人の子供を見つけた。危険や恐怖など何も知らない表情だった」

また、日本で通州事件情報が広がり始めた8月11日、在日中国大使館は、在留民に日本からの引き揚げを勧告しました。しかし、横浜や神戸の中華街に住む人々を始めとして中国人社会に困惑が広がりました。全く危険がなかったからです。それどころか、横浜では日本人青年団が万一を思って警備していました。（田中秀雄著『日本はいかにして中国との戦争に引きずり込まれたか』草思社、２０１４年）。

日本では、通州事件の暴虐に激高していましたが、しかし中国人を襲撃しようだとかいうムードではなかったのです。東京で20年来コックをしている中国人は「日本国民は大国民になったことがつくづく感じられます」と言い、「支那に帰るよりも日本にいるほうがずっと幸福で安心して生活できます」と語っています。（朝日新聞、昭和12年8月14日付朝刊）。

7　宣伝問題のポイントは何か？

誤爆原因説を取った秦郁彦教授は、通州事件が「真相を知らなかった日本国民の中国膺懲熱を煽る好材料として十分に利用された」と『日中戦争史』（河出書房新社　１９６１年）

に書いています。しかし、事件の首謀者である張慶余第１総隊長の手記により、これは全くの見当はずれの間違いであることが明らかとなりました。

軍は通州事件の報道を抑えようとしていた

軍が事件を宣伝に利用したという説は、何も知らない人にはもっともらしく聞こえるかもしれませんが、実情を知る者からしたら、噴飯ものの虚説にほかなりません。大本営報道部長・松村秀逸の『三宅坂―軍閥は如何にして生れたか』（東光書房　１９５２年）には事件直後の天津の支那駐屯軍司令部の様子が次のように書かれています。


「その報、一度天津に伝わるや、司令部は狼狽した。私は幕僚の首脳部が集まっている席上に呼ばれて『この事件は、新聞に出ないようにしてくれ』との相談を受けた」

「それは駄目だ。通州は北京に近く、各国人監視の中に行われたこの悲劇が、分からない筈《はず》はない。もう租界の無電に載って、世界中に広まっていますヨ」

「君はわざわざ東京の新聞班から、やって来たんじゃないか。それ位のことできないのか」

結果的に発表することになりましたが、部屋を出るときに、「保安隊とはせず中国人の部隊としてくれ」と注文されたといいます。日本軍は保安隊に新鋭の武器・弾薬を与え、軍事顧問を派遣して訓練し、挙げ句の果てにその武器を使って日本人を殺害されたのだから、その責任は重大です。ところがその責任逃れと保身のため、事件を利用するどころか、このように事件を隠蔽する動きすらあったのです。これが実情だったのです。

問題は「宣伝下手」にあった

宣伝に利用するどころか、大問題というべきことは日本（軍）の宣伝下手にこそあったのです。

ウイリアムズは日本人の宣伝下手について『中国の戦争宣伝の内幕―日中戦争の真実』に次のように書いています。

「世界はこれらの非道行為を知らない。もし他の国でこういうことが起きれば、そのニュースは世界中に広まって、その空恐ろしさにちぢみ上がるだろう。しかし、日本人は宣伝が下手である。商業や戦争において西洋諸国のような方法を取ることに熟達していたとしても、日本人は自からの敵が世界で最強のプロパガンダ勢力であるにもかかわらず、宣伝を無視するだろう」

実際、その通りとなったといえるでしょう。オーケストラの指揮者として西洋で音楽を学んだ近衛秀麿（当時の首相・近衛文麿の異母弟）は、東京朝日新聞昭和12年11月1日付朝刊に寄稿した「対外宣伝私感（五）」という論稿の中で、「日本側の宣伝取材の拙劣さに関して、ここにもう一つ見逃せない一例がある」として、次のように書いています。

「これはあの残虐極まりない通州における出来事が米国の新聞、雑誌にも映画にもまるでニュースとして取り扱われなかったことだ。

通州の大虐殺事件こそ、いかに全日本の憤激が無理でないかを世界に知らしめる最大の材料でなければならない。（中略）現に支那側のニュース映画は日本軍にやられた称とする苦力《クーリー》の死体の山、頭を青龍刀で割られて脳漿の流れ出した死骸の大写し等々、そして北支でも上海でも、あんなに皇軍を悩ませるだけの防御をしておきながら、自分を弱く見せる事ばかり腐心しておる。これに引き換えて日本の宣伝は、城頭に翩翻《へんぽん》とはためく日章旗や威勢のいい行進と万歳ばかりだから、同情がひとりでに支那に集まるのは当然すぎる。これで強いところばかり見せるのが能ではないということをまず宣伝学第1課として学ぶ必要がある」

通州事件から学ぶべきことが多々ありますが、特に宣伝、海外発信問題について反省すべきことが大きいと考えます。ウイリアムズの次の言葉は大きな示唆に富む言葉と思います。（『中国の戦争宣伝の内幕—日中戦争の真実』より）

東洋的微笑の中で我々のように暮らしたものは「日本人の残忍さと非人間性、それに比べて貧しき中国人の平和な人間性とはいかに違うものか」と聞くことがある。

満洲で無辜の日本人たちを虐殺した正にその中国兵たちが、捕虜になったときは日本軍によって給養され、「罪を憎んで人を憎まず」のサムライ精神によって、「もうああいうことはしてはいけない。さあ行け」と説かれていたのである。日本軍の将官は虐殺の罪を無知な兵隊に帰するのではなく、南京の軍閥やモスクワ、無知な耳に叩きこまれた反日宣伝のせいだとしたのである。

第3章　上海事変（第二次）

1　船津和平工作とその挫折

前の章で説明しましたように、通州事件が勃発し、国中で「暴支膺懲」の憤激が高まっているさなかの8月4日に政府は首相、外務、陸海軍の合意のもと、「船津和平案」（71頁）と呼ばれる画期的な和平案を決定しました。満洲事変以降に日本が北支那で得た権益のほとんどを放棄しようという案で、当時中国側が要求していたことを大部分盛り込んだものでした。元上海総領事の船津辰一郎を通して和平を働きかけることになり、第1回目の交渉は8月9日に行われました。

ところがその当日の午後6時半頃、上海海軍特別陸戦隊西部派遣隊長・大山勇夫中尉は斎藤與蔵《よぞう》1等水兵の運転する陸戦隊自動車で視察中、上海西部のモニュメント路上で中国保安隊によって惨殺される事件が発生しました。大山中尉は全身に大小18カ所の銃創、刀創を受け、頭部は2つに割れ、顔面半分は全くつぶされ、内臓を露出し、心臓部は拳大の穴をあけるなど鬼畜もおよばざる暴行を加えられていました。

例によって中国側は、大山中尉がピストルで中国兵を撃ったので中国側が反撃したなどと言い訳をしましたが、大山中尉のピストルは袋に入れ肩に掛けたままでした。しかも、犠牲者として殺されている中国兵を解剖したところ、拳銃ではなく小銃で撃たれていたことも判明し、中国側の嘘が明白となりました。

それはそのはずです。大山中尉が中国兵を攻撃する理由など全くありません。では中国側には、というと、この目的、効果を考えればすぐ分かります。この事件により、せっかくの船津和平工作は雲散霧消してしまいました。和平が実現しては困る勢力がいたという証拠です。具体的にその勢力、そしてこの虐殺を命令していた人物について、ユン・チアン、ジョン・ハリディ著『MAO』(世界10か国語で同時発売された話題作)『マオ』(講談社)では、隠れ共産党員であった南京上海防衛隊司令官の張治中であると述べています。

目的はもちろん和平の実現を阻止し、戦争へと中国軍を向けることでした。張治中は、蒋介石の許可なしでこの事件を仕組み、さらに攻撃許可を求めて蒋介石を責め立てたと書かれています。しかし、蒋介石はこれを却下しましたが、張治中は日本軍への攻撃計画をさらに進めます。

「張治中は、1925年当時、黄埔《こうほ》軍官学校で教官をしていた。黄埔軍官学校は、広州の近くにソ連が資金と人材を提供して設立した士官学校だ。学校設立当初から、モスクワは、国民党軍の高い地位にスパイを送り込もうという確固たる意図を持っていた。

張治中は回想録の中で、『1925年夏、わたしは共産党に心から共鳴し、……「紅色教官」「紅色団長」と呼ばれていた。……私は中国共産党に入党したいと考え、周恩来氏に申しでた』と書いている。周恩来は張治中に対して、国民党の中にとどまって『ひそかに』中国共産党と合作してほしい、と要請した」（同書・上　341〜342頁）

2　中国正規軍による一斉攻撃

上海には当時、漢口《かんこう》などから避難してきた人たちも含め、3万人以上の日本の民間人が共同租界に居住しておりました。これを守る海軍の特別陸戦隊は、当初2千余でしたが、その後漢口からの引き揚げ、国内からの派遣などで4500人近くになっていました。

これに対して、中国軍は上海に5万の軍を配置し、非武装地帯にドイツ軍事顧問団の訓練を受けた第36師、第87師、第88師、教導総隊などの3万の精鋭部隊を不法に侵入させ、そして8月13日に攻撃を開始したのです。8月14日には日本艦隊を狙った国民党軍による空襲も開始されましたが、逆襲され、フランス租界、共同租界を誤爆して、中国人をはじめ多くの外国人を殺傷する事件を引き起こしました。

パレスホテルとキャセイホテル前の路上では、729人が即死し、861人が負傷しました。数分後には、避難所となっていた大世界娯楽センターの前に爆弾が落ち、1012人が死亡し、1007人が負傷しました。キャセイホテルの犠牲者の中には、戦後駐日大使を務めたエドウィン・ライシャワーの兄、ロバート・ライシャワーもおりました。

こうした中国軍の暴状に対して、日本の海軍航空隊もこの日夕刻より各地の敵飛行場を爆撃、翌15日には荒天を衝いて南京、上海方面に対して渡洋《とよう》爆撃を敢行し、敵空軍基地に打撃を与えました。今や本格的な戦いとなり、「事変」から「戦争」に転化していました。

この日、中国は全国総動員令を下し、大本営を設置、蔣介石が陸・海・空三軍の総司令官に就任して、政治・経済・軍事にわたる広範な戦時体制を実施しました。

この事態に日本政府は、北支事変を日支事変と改称しましたが、これは事態に対する認識の甘さを示す呼び方と言わねばなりません。総動員体制で日本に戦いを挑んできているのを「事変」などと呼んでいては、事態の本質を隠蔽することになってしまうからです。

15日、日本政府は「盧溝橋事件に関する政府声明」を発表しました。その骨子は次の通りです。

(1)帝国は夙《つと》に東亜永遠の平和を希望し、日支の親善提携に努力して来たが、南京政府は排日抗日を国論昂揚と政権強化の具に供し、自国国力の過信と我国の実力軽視の風潮に赤化勢力が加わり、いよいよ反日侮日《ぶにち》の機運を醸成した。

(2)今次事変の発端も、このような気勢がその爆発点を偶々《たまたま》永定河畔に選んだに過ぎない。神人《しんじん》ともに許さざる通州虐殺事件の因由《いんゆ》もここに発する。

(3)我国は隠忍を重ね、事件不拡大を方針とし、夙に南京政府に挑戦的言動の即時停止と現地解決を妨害せぬよう勧告したが、南京政府は益々戦備を強化し、厳存の軍事協定を破り、上海ではついに我に対して砲火を開き、帝国軍艦を爆撃するに至った。

(4)このような支那側の帝国に対する軽侮と不法暴虐至らざるなく、我国としては最早隠忍その限度に達し、支那軍の暴戻《ぼうれい》を膺懲《ようちょう》し、南京政府の反省を促すため、今や断固たる措置をとるのやむなきに至った。

(5)我国の願うところは日支提携にあり、支那の排日抗日を根絶し、日満支三国の融和提携の実を上げること以外に他意はない。もとより毫末《ごうまつ》も領土的意図はなく、また無辜の一般大衆に対しては何等の敵意を有するものではない。又列国権益の尊重には最善の努力を惜しまぬものである。

この声明に関して、風見書記官長は「華北の事態は華北だけのこととし、上海の事態は上海だけのこととしてそれぞれの解決の道は塞がれていないという期待のもとに」と「不拡大・現地解決」の方針に変わりのないことを強調しています。しかし、相手側はそんなことは全く考えていませんでした。上海の戦いは北支での戦いが飛び火したのでも何でもありません。北支では、日本軍は保定《ほてい》までで前進を停止していました。

上海での戦いは、もともと全面戦争を意図する共産党に引き摺られて、蔣介石が起こしたものだからです。

3　ニューヨーク・タイムズは中国の一方的攻撃と報じた

外国の新聞、特にニューヨーク・タイムズは中国寄りというか中国に同情的な報道が多かったことはよく知られています。中国の鉄面皮な宣伝工作の影響が大きな原因になっているると思いますが、上海事変に関しては、さすがに中国側に非があるという報道もしています。８月31日付のニューヨーク・タイムズは次のように報じています。

外国人は日本を支持

「上海における軍事衝突を回避する試みによりここで開催された様々の会議に参加した多くの外国政府の代表や外国の正式なオブザーバーたちは皆、以下の点に同意するだろう。日本は敵の挑発の下で最大限の忍耐を示した。日本軍は居留民の生命財産を多少危険にさらしても、増援部隊を上陸後数日の間、兵営の中から一歩も外に出さなかったのである」

「８月13日以前に上海で開催された会議に参加したある外国使節はこうみている。7月初めに北京近郊で始まった紛争の責任が誰にあるのか、ということに関しては意見が分かれるかもしれない。しかし、上海の戦闘状態に関する限り、証拠が示している事実は一つしかない。日本軍は上海では戦闘の繰り返しを望んでおらず、我慢と忍耐力を示し、事態の悪化を防ぐために出来る限りのことをした。だが日本軍は中国軍によって文字通り衝突へと無理やり追い込まれてしまったのである。中国軍は外国人の居住している地域と外国の権益を、この衝突の中に巻き込もうとする意図があるかのように思えた」

（HALLETT ABEND 上海特派員）

こうして、盧溝橋事件という共産党がしかけた小さな衝突事件は、共産党の思惑通りに本格戦争へと発展していったわけです。隠れ共産党員の張治中・南京上海防衛司令官が決定的な役割を果たしたのです。

4 海軍陸戦隊の大健闘 ―上海大虐殺の発生を防ぐ

上海に派遣されていた海軍の第3艦隊は軍令部に電報を打ちました。「陸軍派兵を要請する」と。東京からの返電は「動員が下令されても到着するまで2週間かかる。なるべく

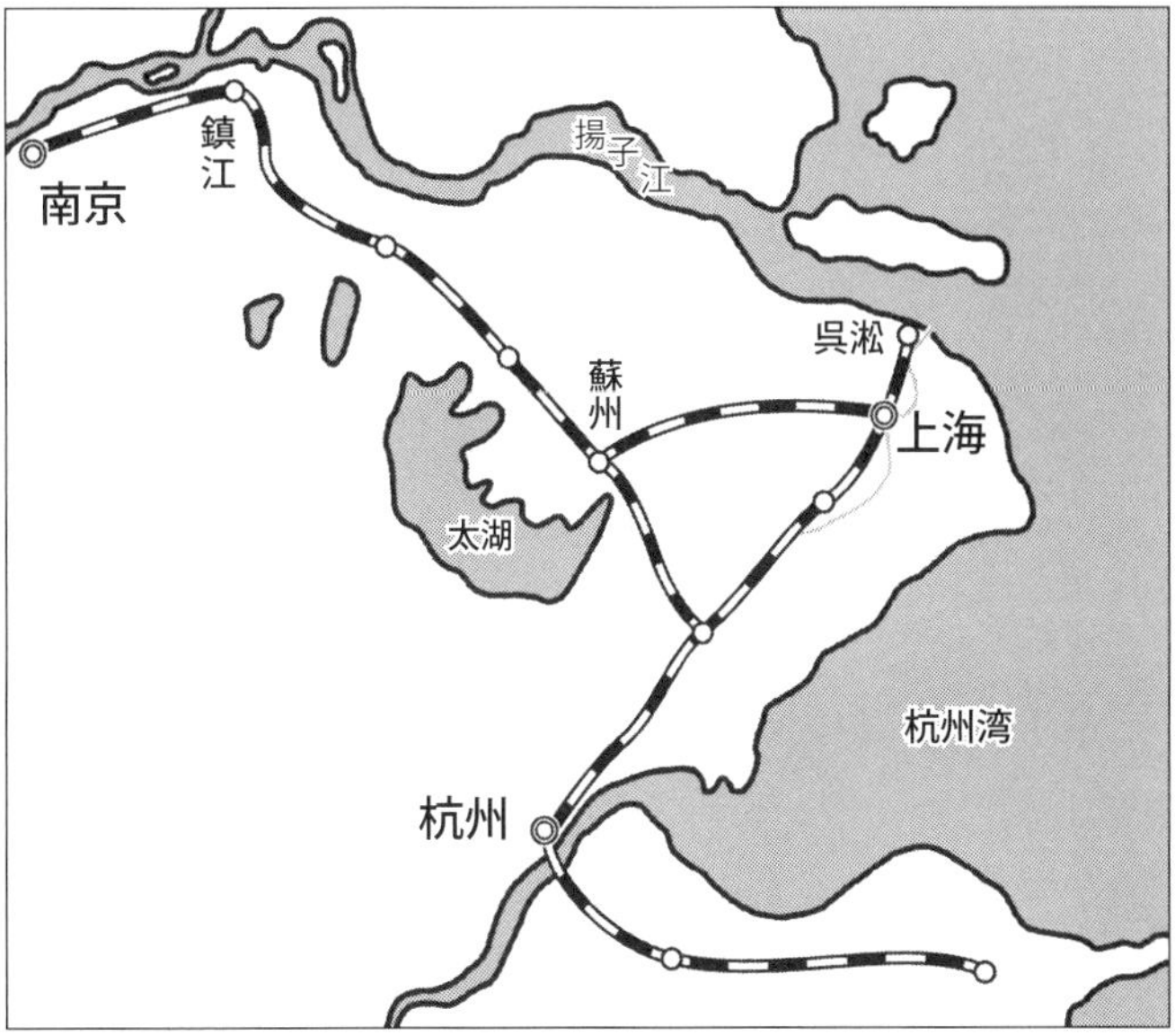

上海と首都・南京との距離は約３００キロメートル

戦闘正面を拡大しないように」

　東京では、12日夜の4相会議で派兵の決定を要求。13日午前9時、閣議で派兵が決定し、名古屋第3師団と善通寺第11師団に動員令が下りました。上海派遣軍の司令官には松井石根《いわね》大将が任命されました。応急動員が完了し、19日、20日にそれぞれ上海に向かいますが、第3師団が呉淞《ウースン》に、第11師団がその上流の川沙口に上陸したのは23日でした。

　中立地帯に潜入していた中国軍の精鋭3万は、４５００の海軍陸戦隊に総攻撃をかけてきますが、陸戦隊は驚異的といえる大健闘で、中国軍の租界への侵入を食い止めます。一部突破されかかったところがいくつかありましたが、何とか食い止めました。もし突破されていたなら、第2の通州事件＝上海大虐殺が起こっていたかもしれません。

「緒戦の1週間目、全力で上海の敵軍を消滅することができなかった」と後日、蒋介石は悔やんでいますが、5倍近い敵と戦って、退かなかった海軍陸戦隊は、日本人居留民を守っただけでなく、その後に上陸した陸軍の上海での反撃・勝利の基をつくるという大殊勲を上げたのでした。

5　大苦戦の上陸部隊

第3師団、第11師団が23日にようやく上陸しましたが、5年前の第一次上海事変（1932年）の時とは、敵の守りはまるっきり様相が違っていました。江岸には水際鉄条網、岸壁には地雷と竹矢来、その上に積んだ土嚢と建物と軍工路の先の塹壕《ざんごう》の陰で中国軍が日本軍を待ち受けていました。揚子江が長年にわたって運んできた土砂からなる低地が続き、大小のクリークが流れ、ところどころに部落と竹林があり、そこにトーチカ（コンクリートで覆われた防御陣地）が構築されていました。このトーチカ群が数千の規模で配置されていたので、これを陥《おと》していかなければならず多大な犠牲を余儀なくされる苦戦が続いたのでした。

例えば、名古屋の歩兵第６連隊は、23日上陸から30日までの８日間で、戦死１３８名、戦傷３３６名、合計４７４名を数えました。約３０００の将兵の16％の死傷率です。

その後も苦戦が続き、９月末までで第３師団は戦死１０８０名、戦傷３５８９名、第11師団は戦死１５６０名、戦傷３９８０名を数えています。

こうした状況下、８月31日には松井軍司令官から、陸軍部隊の増派の要請がなされ、９月９日、台湾守備隊第９師団、第13師団、第１０１師団に動員令が下されました。中国軍も次々に兵力を投入してきました。９月上旬までに前線だけで19万、後方は27万に膨張していました。10月上旬までに日本軍は７万が上陸しましたが、中国軍は70万近くに強化されていました。

呉淞鎮と川紗口から上陸した日本軍

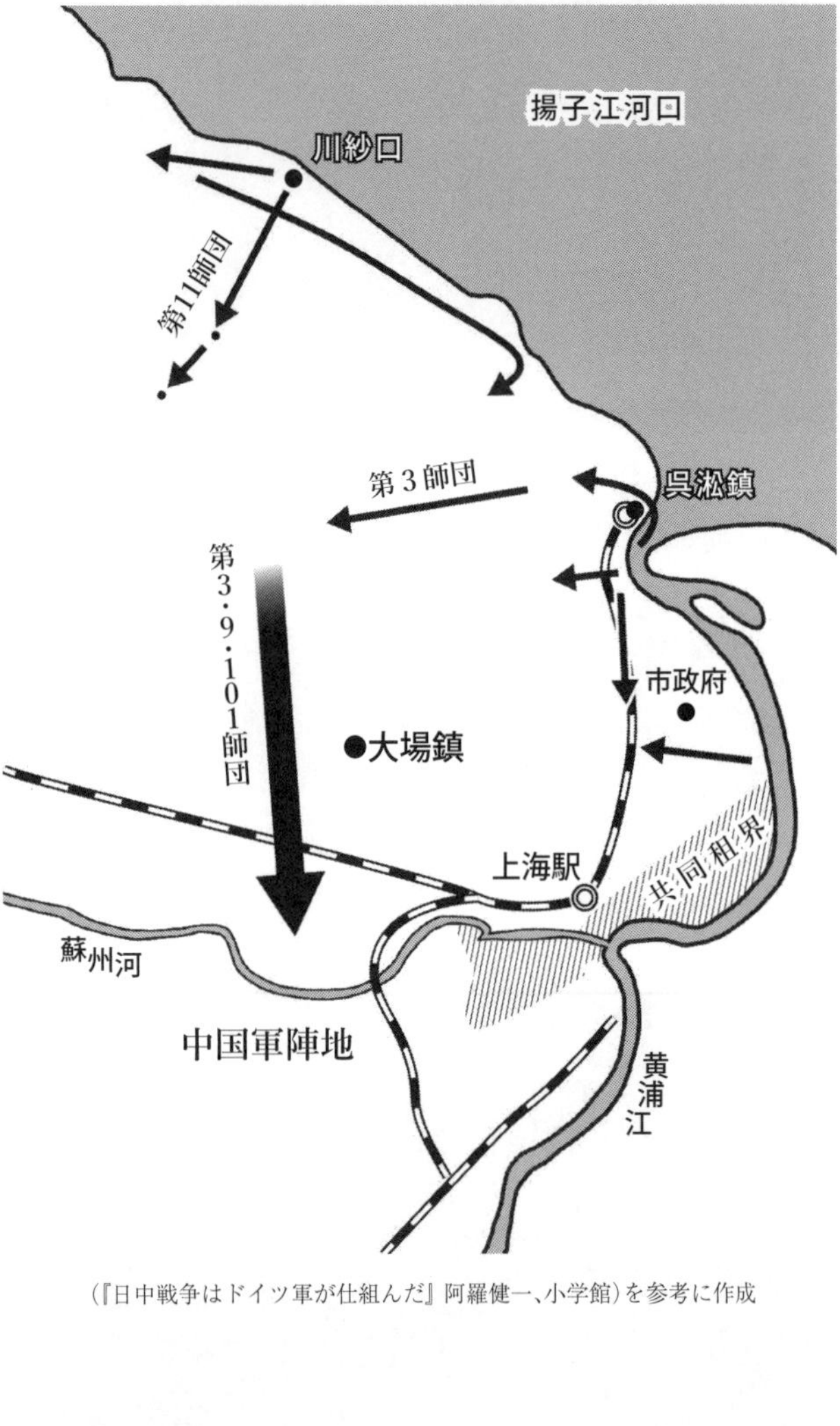

(『日中戦争はドイツ軍が仕組んだ』阿羅健一、小学館)を参考に作成

しかし日本軍は少しずつ要衝大場鎮《だいじょうちん》に向けて前進し、10月26日夕方にはとうとう一部が大場鎮に突入し掃討戦を始め、27日には攻略を完了し、「日軍占領大場鎮」のアドバルーンを揚げました。こうして上海はほぼ日本軍の制圧下となりましたが、中国軍は蘇州河の南岸にも陣地を構えており抵抗しておりました。

こうした膠着状態を打開すべく、統帥部は第10軍（軍司令官柳川平助中将、第６、第18、第１１４師団および国崎支隊）を編成し杭州《こうしゅう》湾北岸に上陸させる一方、第16師団を揚子江上流・白茆口《はくぼうこう》に上陸させ、中国軍を３方向から包囲する作戦を計画しました。11月５日第10軍は杭州湾に上陸作戦を敢行しましたが、意表をついたためか殆ど抵抗を受けることなく上陸に成功しました。翌６日、「日軍百万上陸杭州北岸」のアドバルーンが上海の街に揚げられました。この効果は激甚で、蘇州河《そしゅうが》で戦っている中国軍に大きな動揺を与えました。退路を断たれることを恐れた中国軍は９日、一気に崩れ、一斉に郊外に向かって退却を始めたのでした。

こうして、日本軍は11月９日、上海を制したのですが、約３か月にわたる戦いで、戦死者は1万76名、戦傷者は3万1千866名、合わせて4万1千942名という損害を出したのでした。日露戦争の4か月半にわたる旅順攻略戦では6万余りの死傷者を出しましたが、それに近い大きな犠牲を払った戦いでした。

6 ドイツ軍事顧問団の果たした役割

なぜ中国軍は予想を大きく上回る抵抗力を示したのか、といいますと、そこにはドイツ軍事顧問団の存在がありました。

昭和2年（1927年）、蒋介石はマックス・バウアー大佐を軍事顧問として招聘《しょうへい》しますが、以降第4代団長ゼークト大将、第5代ファルケンハウゼン中将と大物が団長を務め、中国軍（国民党軍）の近代化、掃共戦《そうきょう》（共産党との戦い）のアドバイスなどで大きな実績を上げていました。ドイツとしては、武器の輸出先として中国がダントツに大きな存在（昭和11年で57％シェア）であり、また中国からのタングステン輸入などもあり中国は重要な存在でした。

ファルケンハウゼン中将は盧溝橋事件の前年に、日本軍を敵として中国軍の近代化を進める方針を提起し、昭和11年に、河北省の日本軍攻撃、漢口、上海の日本軍攻撃を進言しています。この年の11月には日独防共協定が結ばれていますので、ドイツの二股外交です。第一次大戦で青島のドイツ軍が日本軍にやられたことへの反感がドイツ軍部には根強く残っていたのかもしれません。いずれにしても、ドイツ製武器の装備と訓練、トーチカ群の構築をドイツ軍事顧問団の指導によって進められた結果、それまでの中国軍とは比べ物にならない戦闘力を発揮する軍に変貌していたのでした。

それにとどまらず、ファルケンハウゼンは中国軍の軍服を着用してまで、陣頭指揮をしていたといいます。顧問団の一人フォン・シュメリング中尉は自ら訓練した88師の歩兵大隊を直接指揮していて戦死しました。第一次大戦後のドイツ軍の最初の戦死者となったのでした。（『日中戦争はドイツが仕組んだ』阿羅健一・著　小学館　２００８年）。

日本側もドイツ軍事顧問団の活動については情報収集してつかんでおり、その解散を強硬に要求しましたが、ドイツは経済的な利益などもあり容易にそれを受け入れず、結局、顧問団の解散が決まったのは昭和13年の４月でした。

7　日本の和平提案 ——トラウトマン工作不成立

上海事変が日支全面戦争に発展するや、8月30日、中国政府は国際連盟に対して、日本の行動は連盟規約、不戦条約及び9か国条約に違反すると通告し、連盟が必要な措置を取るよう提訴しました。

自分の方から一方的に攻撃を仕掛けておきながら、図々しくも日本が規約違反と提訴する、というのが中国のやり方です。最近、東電福島第一原発処理水放出に難癖をつけ、日本からの水産物輸入全面禁止という理不尽極まりないことを平然と行っているのを見ると、全く100年前も同じだったんだなあとつくづく思います。何しろ自国では日本の10倍近い放射性物質処理水を放出していながら、日本に対してはその禁止にとどまらず、海産物輸入を全面禁止するというのですから呆れかえった話です。

中国が提訴した翌日の8月31日、ニューヨーク・タイムズのハレット・アーベント記者が前記しましたように「日本軍は上海では戦闘の繰り返しを望んでおらず、我慢と忍耐力を示し、事態の悪化を防ぐために出来る限りのことをした。だが日本軍は中国軍によって文字通り衝突へと無理やり追い込まれてしまったのである」という記事を書いています。日本はこの記事を活用して、「犯人はお前だ！」と反論すべきだったと思います。

しかも、顧維鈞《こいきん》代表は、「中国が必死になって日本軍の侵略に抵抗しているのは、外国の在支諸権益を擁護するためでもある」とぬけぬけと言っているのです。「革命外交」で日本の権益の全面撤廃を高唱してきたくせに今度は外国の権益を守るためとはよくいうものです。

それでも、図々しいほうが通るようで、連盟は中国への精神的援助を決議し、ベルギーのブリュッセルで９か国条約会議を開催することになりました。

大場鎮陥落が迫った10月27日、広田外相は英米仏独伊に対して、日中交渉のための第３国の好意的斡旋を受諾する用意のあることを伝えました。結局、和平の仲介はドイツに依頼することになり、11月２日、日本は正式に日本の和平条件７項目をディルクセン駐日ドイツ大使に通知しました。船津和平案とほぼ同じものですから、ディルクセン大使も「きわめて穏健なもので、南京はメンツを失うことなく、受諾できる」と本国に報告したほどでした。ドイツ政府も日本側の和平条件を妥当なものと判断し、トラウトマン駐華大使を通じて蒋介石に日本側条件を通告しました（11月5日）が、ブリュッセル会議に望みを託す蒋介石はこの和平提案を拒絶したのでした。

しかし、蒋介石が期待したブリュッセル会議はさすがに中国側の期待する結論は出すことはなく、蒋介石の思惑は外れたのです。

日本側はなお和平への望みをあきらめず、ブリュッセル会議最終日の11月15日、広田外相はグルー米国大使に「日本軍の上海での作戦は円滑に進んでいるが、これ以上深く中国軍を追撃する必要はなく、この時期に平和解決を図るのは中国自身のためになること」などを述べ、現在ならば講和条件が穏当なものであるので、米国から蒋介石を説得してほしいと依頼したのです。これに対して、米国は積極的な対応は見せませんでした。英国も然りでした。この好機の逸失は明らかに米英の責任に帰すべきものでしょう。

第4章　南京攻略戦

1　居留民保護から敵主力の撃滅へ

第10軍の杭州湾上陸が決定的な力を発揮して、上海の中国軍は一斉に郊外に向かって退却を始めたことは前に述べた通りです。上海方面の全作戦を統一指揮するために、中支那《なか》方面軍が編成され、司令官は松井大将が上海派遣軍と兼任することになりました。(その後、上海派遣軍司令官は朝香宮鳩彦王《やすひこおう》中将に)。

上海派遣軍の作戦の目的は、当初は居留民保護でしたが、その後敵の戦争意志を挫折して、戦局終結の動機を獲得するという積極的なものに変わり、中支那方面軍はその任務を担うことになりました。それは当然のことで、上海に投入された中国軍は70万に及び、この時点でもまだ40万を数えていました。したがって、敵兵力の撃滅が最大の課題となってきたわけです。

参謀本部は敵の追撃については、11月7日、中支那方面軍の作戦地域を「蘇州―嘉興《かこう》」の線以東とするという命令を出していました。しかし、中支那方面軍は予想以上の速度をもって蘇州―嘉興の線に殺到する勢いを示してきたので、参謀本部は15日情勢判断を行いました。その結果判決は、制令線を変える必要なし、というものでしたが、第一部長下村定《さだむ》少将は、戦況の好転が中国側に相当な精神的効果を与えたと観察していたので、「この際、戦機をとらえて制令線をいっせいに今一押し出て強圧を加えたらどうか」と作戦課に研究を命じました。

河邊虎四郎作戦課長が上海に赴き、実情を確かめてから爾後《じご》の方針を立てることとなりました。18日に河邊課長から今直ちに変える必要なしの報告が入りました。

ところが20日、第10軍から南京に向かって追撃する用意をしているとの報告を受け、多田駿《はやお》次長は直ちに中止の指示を出しました。22日、中支那方面軍から「事変解決を速やかならしむる為、現在の敵の頽勢《たいせい》に乗じ南京を攻略するを要す」という意見具申が上がってきました。そこで、帰来した河邉課長を中心に慎重に審議した結果、制令線廃止の結論を得、24日にそれを指示、25日に「無錫《むしゃく》―潮州《ちょうしゅう》」の線に於いて爾後《じご》、作戦の準備をせよと命じました。

2　南京攻略すべきや否や

上海戦開始の時点では南京攻略ということは、少なくとも軍の方針としては全く考えられていませんでした。ただし、米内《よない》光政海軍大臣は8月14日、第3艦隊『出雲』が中国軍によって爆撃されると、「かくなる上は事変上、不拡大主義は消滅し、北支事変は日支事変となった」と発言し、政府声明の発表や首都南京攻略まで言及するようになったといいます（日本国際政治学会『太平洋戦争への道』第4巻　日中戦争〈下〉）。

盧溝橋事件勃発以来、不拡大主義を強く主張していた米内海軍大臣ですが、海軍の担当の中支が攻撃されると態度一変、南京攻略まで口にするとは驚きですが、しかしこれは政府の方針には正式には取り上げられておりませんし、陸軍ではこういう発言はありませんでした。

しかしながら、11月末になると、南京攻略すべきか否かが大きな課題となってきたわけです。方面軍特務部長が11月25日、中央に報告した「上海方面の支那軍に関する観察」は、当時の状況をよく示していると思います。

「開戦以来当方面に現れた敵総兵力83コ師、内約半分は消耗し現在活躍できるもの40万内外と判断す。更に武器弾薬、糧食の欠乏甚だしく殊に敗退に伴う志氣の阻喪《そそう》その極に達し、殆ど戦意を喪失した模様である。政府部内の抗争激化し、また南京放棄を決意している。今後我が軍が迅速に作戦し、また南京に進撃すれば比較的短時日をもって敵軍主力を崩壊させえよう」（『戦史叢書86　支那事変陸軍作戦〈1〉』）。

無錫―潮州の制令線は25日には突破する勢いの情勢の下、参謀第一部長は27日、方面軍参謀長宛てに「当部においては南京攻略を実行する固き決意のもと着々審議中なり、未だ決済を得る迄には至らざるも取り敢えずお含み迄」と打電し、28日には作戦指導要領を作成して、参謀次長の同意を得ることができました。

12月１日、大陸命第７号により、「中支那方面軍司令官は海軍と協力して敵国首都南京を攻略すべし」と南京攻略命令が発せられました。

3　南京攻略戦

南京攻略に当たった中支那方面軍は、上海派遣軍と第10軍ですが、その内訳は次の通りです。

▽上海派遣軍（軍司令官朝香宮中将）

第16師団（京都）、第９師団（金沢）、第11師団天谷支隊（善通寺）、第13師団（高田）山田支隊、第３師団（名古屋）の一部、第１０１師団（東京）の一部。

▽第10軍（軍司令官柳川中将）

第６師団（熊本）、第１１４師団（宇都宮）、第18師団の一部（国崎支隊）

総兵力は約10万と号していましたが、上海戦での消耗が激しく、実際に南京戦に参加した兵力は7～8万程度と見られています。

方面軍は、傘下両軍を次のように部署（配置）しました。

（1）上海派遣軍は12月5日頃主力の行動を開始して、重点を丹陽、句容道方面に保持し当面の敵を撃破して磨盤山山系西方に進出すべし。一部は揚子江左岸地区より敵の背後を攻撃するとともに、津浦《しんぽ》鉄道および江北大運河を遮断すべし。

（2）第10軍は12月3日頃主力の行動を起こし一部をもって蕪湖《ぶこ》方面より南京の背後に進出せしめ、主力をもって当面の敵を撃破し、漂水付近に進出すべし。特に杭州方面に対し警戒すべし。

この指示に基づき、各部隊は南京に向かい敵を追撃していきました。

ドイツ軍事顧問団指導によるトーチカ群と拠点陣地群が上海から南京にかけて構築されていましたが、日本軍はそれらを次々に突破していきました。首都南京の周りには多くの陣地が構築され、南京郊外20キロ付近には外周陣地が、南京城周辺には複郭《ふくかく》陣地がつくられていました。南京攻防戦はその大部分がこの周辺複郭陣地での戦でした。

12月7日、南京まで約20キロの地点まで迫り、いよいよ南京攻略を前に、「南京城攻略要領」が発せられ、各軍の作戦地域が定められました。

•派遣軍：中山門、太平門、和平門
•第10軍：共和門、中華門、水西門
そして各師団は、1個連隊が城内の定められた作戦地域に入り敵軍を掃討することを命じられていました。

また、不法行為の防止が強調され、「南京城の攻略及び入城に関する注意事項」がさらに追加公布されました。そこでは、冒頭に、

「皇軍が外国の首都に入城するは、有史以来の盛事にして、長く竹帛《ちくはく》に垂《た》るべき事蹟たると、世界の斉《ひと》しく注目しある大事件なるに鑑み、正々堂々将来の模範たるべき心組を以て、各部隊の乱入、友軍の相撃ち、不法行為等、絶対になからしむるを要す」

と書かれ、将来の模範となる戦いを行うよう命じられていました。

南京は高さ20メートル余り全長34キロに及ぶ城壁で囲まれた、だいたい東京の山手線の

内側くらいの面積の城郭都市でした。堅固な城門が13か所あり、ここを通らないと城内には入れません。内部に国際委員会が管理するほぼ2キロ四方の「安全区」が設置され、約20万の一般市民は唐生智《とうせいち》防衛軍司令官の命令により、ここに集められていました。

12月9日正午、松井司令官は降伏勧告文を南京防衛軍司令官宛てに飛行機から投下しました。

「日軍百万すでに江南を席巻せり。南京城は将《まさ》に包囲の中に在り。（略）抵抗者に対しては極めて峻烈にして寛恕《かんじょ》せざるも、無辜の民衆及び敵意なき中国軍隊に対しては寛大を以てし之を犯さず、（略）本司令官は日本軍を代表し貴軍に勧告す。即ち南京城を平和裡に解放し、而《しか》して左記の処置に出でよ」

「左記の処置」として、10日正午までに、回答を中山路、句容道上の歩哨線まで持参することが要請されました。しかし、期限がきても回答者は現れず、いよいよ日本軍の攻撃が開始されました。

南京城と安全区の簡略図

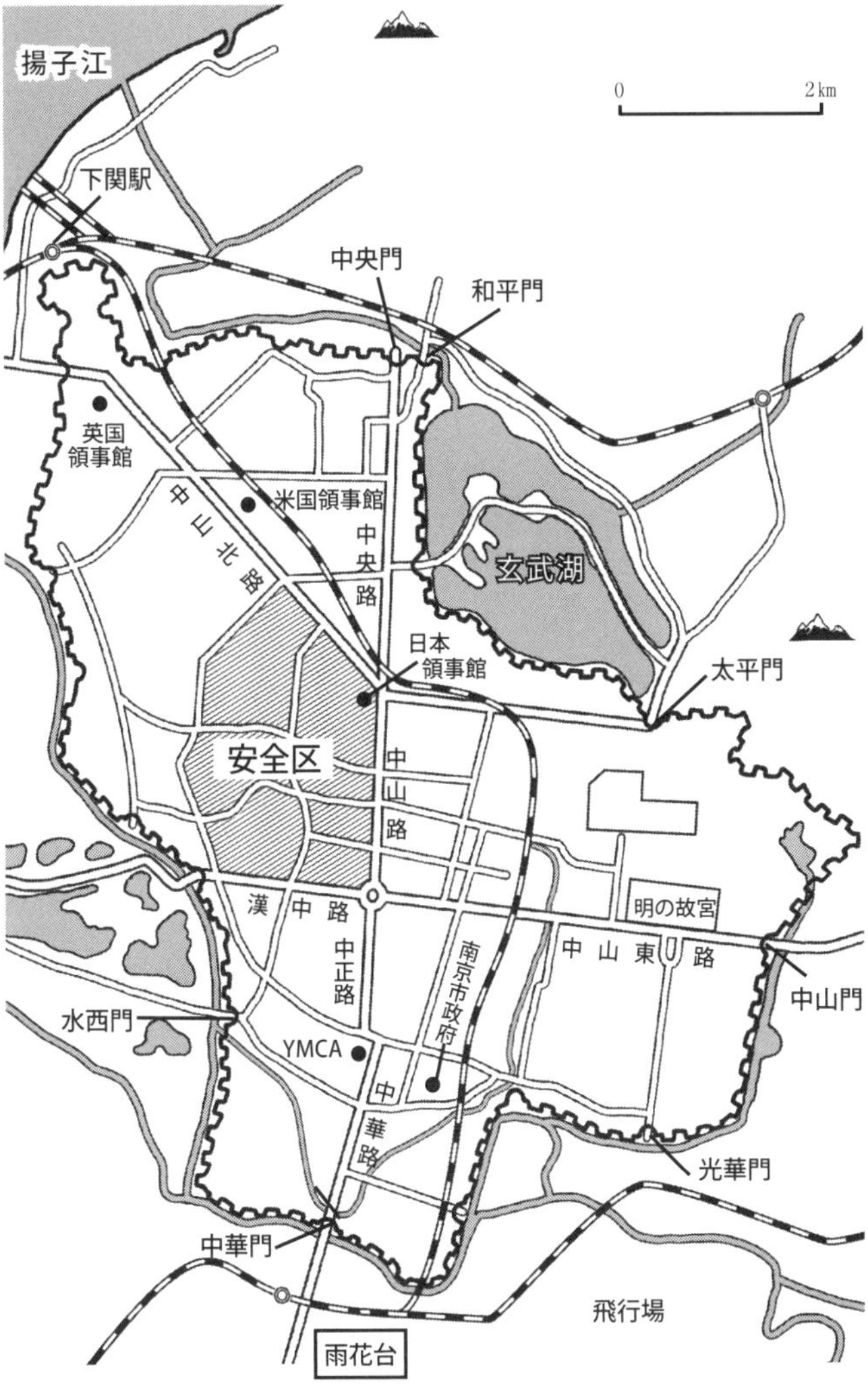

秦郁彦『南京事件「虐殺」の構造』（中央公論社）を参考に作成

南京防衛軍は外周陣地に3万2千～5千、城内・複郭陣地に3万、合計6万5千～7万程度と推定されます。城内への砲撃などと並行しますが、城外の複郭陣地などの戦いが主体で、中でも雨花台《うかだい》では大激戦となりました。ついに、12日夜半、光華門、中山門、中華門を突破して城内に入ったところ、中国軍は一斉に撤退を行っていました。したがって、城内では大きな戦いは起きませんでした。むしろ、適切な撤退命令がないまま敗走する中国軍の一部は、中国軍の督戦隊《とくせん》によって、撤退を阻止するための射撃を受け死亡する兵士が続出するといった有様でした。また多数の兵士が、軍服を脱ぎ捨てて平服に着替えて安全区に潜り込み、それを国際委員会が黙認していたことが後に大きな問題を引き起こすことになりました。

4　南京占領

13日早朝、南京城の敵が退却したことが判明しました。各師団は予め示された攻略要領に基づき、各1個連隊を入城させ城内掃討を行いました。南京城内で死闘が行われたと思っている方もおられるかと思いますが、実際はまるで違います。たとえば、国際委員会の書記長を務めていた、ルイス・スマイス南京大学教授は、12月20日付の家族への手紙『Eyewitnesses to Massacre』（虐殺の目撃者）M. E. Sharpe（NY,1984）の257頁で、「12月14日、火曜日の朝、我々は目覚めて戦いは終わったと感じている」と書いています。銃声など聞こえない朝を迎えていることを家族への手紙に書いているのです。

もう一つ付け加えますと、同じく国際委員会のミニー・ヴォートリン金陵女子大学教授はその日記『南京事件の日々』（笠原十九司解説、岡田良之助、井原陽子訳、大月書店　１９９９年）の53～54頁に、

「12月14日午後４時30分、国際委員会のミルズの車に同乗して教会信者の家の安否を確かめるために南京南部の水西門まで出かけましたが、全く異常なく、帰路ヒルクレスト学校付近で死体を一つ見ただけでした。すさまじい砲撃が（攻撃時に）あった割に死者は少なかった」

との感想を書いています。彼女は長距離のドライブをしましたが、日本軍の暴行は全く見ていませんでした。つまり戦闘はおろか、暴虐行為なるものも全く見ていなかったことを示しています。

日本軍の南京入城式

安全区に多数の中国兵が潜入していることが分かり、14日よりその地区を担当する第7連隊が本格的に掃討作戦を行いました。隙あれば反撃しようとしていた証拠に、大量の兵器を隠匿していたことが判明しました。主なものをあげますと、戦車4台、戦車砲弾3万9千発、手榴弾5万発、小銃960丁、同実包39万発、迫撃砲10門、同弾薬5万発などです。兵士6670名をとらえ、処分しました。

掃討戦が一段落しましたので、17日に入城式を挙行しました。

安全区にはまだ偽装兵士が潜伏して攪乱工作を行っている可能性が高かったので、安全を確保するために、平民分離のための住民登録を12月24日から開始しました。全市民が出頭し、査問を受け良民と認められたものには「良民証」が交付されました。その結果、約千の敗残兵と武器が摘発されたといいます。敗残兵も反省の色の濃いものは良民と認められ、安民居住の所を与えられといいます。

１月７日に作業が終わった結果、総人口はそれまで想定されていた20万から、25万に増加していました。

昭和13年１月１日、南京自治委員会（陶錫三自治会長）が成立し、６日には発会式と行進が大々的に行われました。

このように南京の治安は回復し、南京に残る日本軍は、第９師団第７連隊の一部数千となりました。他の部隊は、上海へあるいは徐州他へ転戦していきました。

南京自治委員会発会式と行進

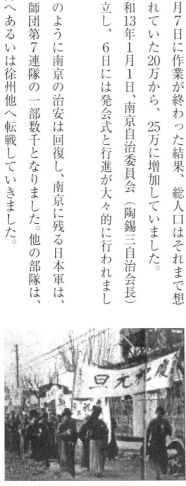

第5章　南京事件の虚実

1　外国報道から始まった南京事件

南京市内に残された20万の市民は安全区に集合し、1月1日には自治委員会が成立したばかりか、1月7日には国際委員会の記録で人口が25万に増加していたことを前章でご紹介しました。

ところが、12月18日付の『ニューヨーク・タイムズ』では、ダーディン記者の記事が次のように伝えたのです。

「南京における大規模な虐殺と蛮行により……殺人が頻発し、大規模な略奪、婦女暴行、非戦闘員の殺害……南京は恐怖の街と化した。……恐れや興奮から走るものは誰もが即座に殺されたようだ。多くの殺人が外国人たちに目撃された」

これと似たような記事が、12月15日号の『シカゴ・デイリーニューズ』にスティール記者の記事として掲載されています。

「南京の包囲と攻略を最もふさわしい言葉で表現するならば、〈地獄の4日間〉ということになろう。……南京陥落の物語は、落とし穴に落ちた中国軍の言語に絶する混乱とパニックと、その後の征服軍による恐怖の支配の物語である。何千人もの生命が犠牲となったが、多くは罪のない人たちであった。……それは羊を殺すようであった。……以上の記述は包囲中の南京に残った私自身や他の外国人の観察に基づくものである」

実は、両記者とも他社の記者とともに戦場になった危険な南京を去ろうと、15日出航のオアフ号で上海に向かったのでした。従って、南京市内での戦闘は彼らが見たとすれば13日、14日くらいです。13日に中国兵は一斉に撤退を行っていますので、その追撃戦は一部ありました。14日は日本軍は市内では逃げ遅れの兵を下関《シャーカン》方面で掃討したくらいで、ほとんど戦闘は行っていません。どうしてあたかも現場を見たかのような記事、それも非常に似た記事を書いたのか、大変不思議なことです。鍵はスティールが言ってる「以上の記述は包囲中の南京に残った私自身や他の外国人の観察に基づくもの」というところにありそうです。

実はその後判明したのですが、安全区国際委員会の中心的な活動家であった、ベイツ南京大学教授が「諸友宛」に送った１９３８年４月12日付の手紙がありまして、そこには、

「その本には12月15日に南京を離れようとしていた様々な特派員に利用してもらおうと、私が同日準備した声明が掲載されています」

と書かれているのです。「その本」というのは、ティンパーリ編『戦争とは何か』（Harold

Timperley, What War Means: Japanese Terror in China, V.Gollanczs, Ltd.,London, 1938）です。この本については後で詳しく触れます。

では、ベイツが特派員たちに渡したメモにはどんなことが書かれているのでしょうか。

「二日もすると、度重なる殺人、大規模で半ば計画的な略奪、婦女暴行を含む家庭生活の勝手極まる妨害などによって、事態の見通しはすっかり暗くなっていました。市内を見回った外国人は、このとき通りには市民の死体が多数転がっていたと報告しています。……死亡した市民の大部分は13日の午後と夜、つまり日本軍が侵入してきた時に射殺されたり、銃剣で突き刺されたりしたものでした。……元中国軍として日本軍によって引き出された数組の男たちは数珠繋ぎに縛り上げられて射殺されました。これら兵士たちは武器を捨てており、軍服さえ脱ぎ捨てていたものもいました。……南京で示されるこの身の毛もよだつような状態は……」

この情報をもとにダーディンやスティールやその他記者たちが南京の状況を書いたのですから、記事が似たようになったのも当然ですし、さらに勝手な想像を膨らました、全くの捏造記事となったのでした。この2つの記事の類似性とベイツのメモとの関連性については、東中野修道教授が『南京事件―国民党極秘文書から読み解く』（草思社　2006年）119〜124頁で詳しく分析、解明しております。

では、外国人がどんな証言を残しているのか、国際委員会の委員のうち代表的な2人の手紙と日記から確かめてみましょう。

ルイス・スマイス教授は、国際委員会の事務局長を担当しており、国際委員会がまとめた文書は彼が責任者となって作成されています。スマイスが、12月20日付で家族に送った手紙があります。これは、国際委員会の9人の委員が家族に送った手紙を集めた『虐殺の目撃者』〔『Eyewitnesses to Massacre』M.E.Sharpe（NY,1984）〕と題する本に掲載されているものです。

「（12月13日、月曜朝）宿舎に帰る途中、午後1時に日本兵が漢中路に到達しているのを見つけた。我々は車でそこへ行き約６名の小さな分遣隊に会った。それが最初だったが最後ではなかったのだ。上海路と漢中路の交差する角で、彼らはバスを調べたが、人を傷つけることはなかった。……確かに、約百人の先遣隊が道路に腰を下ろしており、その反対側ではたくさんの支那人の群衆が彼らを眺めていた。私たちは将校に対して安全区を説明し、彼の南京の地図にそれを書き入れた（彼の地図には安全区は示されていなかった）。彼は日本兵を攻撃する者がいない限り病院は大丈夫だと言った」

家族に送った手紙ですので、比較的率直に状況を説明した文章と思いますが、〈地獄の４日間〉とは程遠い記述です。

また、前章で12月14日午後４時30分に国際委員会のミニー・ヴォートリンが国際委員会のミルズの車に同乗して教会信者の家の安否を確かめるために、南京南部の水西門まで出かけたことを述べました。ヴォートリンの日記『南京事件の日々』（大月書店　１９９９年）に書かれていることです。市内は全く異常がなく、帰り道でヒルクレスト学校付近で死体を一つ見ただけでした。すさまじい砲撃が前日まで続いていたわけですが、その割には死者は少なかったと感想を書いています。彼女は市内を長距離ドライブしましたが、日本軍の暴行は全く見ていませんでした。つまり戦闘はおろか、暴虐行為なるものも全く見ていなかったのです。もう一度申し上げますが、第4章で紹介したように、南京はだいたい東京の山手線の内側くらいの面積で、自動車で簡単に一周できるくらいの広さなのです。

南京市内を車で見て回った感想ですから、虐殺、暴行が行われていたなどとはおよそかけ離れた状況だったということを示しています。つまり、ベイツのメモ、そしてそれをもとにして書かれたダーディンやスティールの記事は、全くのデッチアゲの捏造記事だということになります。

聖職者にして南京大学の教授であるベイツが大ウソを書くなど信じられないと思う方が多いかと思います。実際、多くの人がそう思い、南京虐殺30万はおかしいが、何らかの虐殺事件が起こったに違いないと日本人でも信じている人もいます。彼の証言は後に東京裁判でも有力な証拠と見なされ、南京虐殺は日本軍の犯行と断罪され、司令官の松井石根大将には死刑判決が下されたのでした。

2　安全区国際委員会と「南京安全地帯の記録」

いや、ベイツ証言以外にも有力な証拠があるのではないか、と思われる方も多いと思いますので、もう少し実情を調べていくことにしましょう。

南京に在留した外国人は22人と見積もられていますが、その大部分を占めるアメリカ人宣教師によって、一般市民が避難できる中立地帯として「南京安全地帯」が11月29日に発足しました。委員長はドイツのジーメンス社の南京所長のラーベでしたが、安全地帯の発案者はミルズ宣教師で、実質的な運営はアメリカ人宣教師たちによって取り仕切られていました。

107頁の図に見る通り、市の中央やや北寄りの斜線アミで表示された地区です。面積は3・9平方キロ、皇居外苑の４倍ほどです。実は、上海ではカトリックのジャキーノ神父が中立の「安全区」を発案し、日本軍もこれを承認しました。そこはフランス租界ですので、フランス軍によって安全区の治安が防衛されることが期待されていたからです。しかし、南京ではここへ中国兵の侵入を阻止する実力を持つものがないと日本軍は判断し、承認しませんでしたが、軍事施設がない限り安全区を「尊重する」と通告しました。

国際委員会は、蒋介石、馬市長から資金と食糧を与えられ、避難民の面倒を見ていましたが、日本軍の起こした事件とされるものを日々取りまとめ、日本を含む各国大使館に通知をしました。多くは中国人からの一方的な訴えを記録したもので、確認するための調査など全く行わないものでした。

この事件簿が纏められ、『南京安全地帯の記録』（冨澤繁信訳、展転社　２００４年）として、上海のKelly & Walsh社から１９３９年に刊行されました。（"Documents of The Nanking Safety Zone" edited by Shuhsi Hsu, Kelly & Walsh Limited,1939)

Number 7, Political and Economic Studies

南京安全區檔案

DOCUMENTS OF THE NANKING SAFETY ZONE

EDITED BY

SHUHSI HSÜ, PH.D.

Sometime Adviser to the Ministry of Foreign Affairs

Prepared under the Auspices of the Council of International Affairs, Chungking

KELLY & WALSH, LIMITED

SHANGHAI—HONG KONG—SINGAPORE

1939

これは重慶の国際問題委員会監修で刊行されているので、中国政府の公式見解と見ることができます。

この文書は、後から記録されたものではなく、日本軍の南京占領当時の現場で記録された「一次史料」ですので、非常に重要なことを伝えています。この中で、殺人事件は合計25件が記録されています。そのうち「目撃された」ものは1件だけで、他は伝聞です。しかもこの一件には「注」がついていまして、「日本軍が合法的に行う処刑については、我々に抗議する権利などない」と書かれているのです。つまり、虐殺＝非合法な殺人と認定できるものは全25件中ゼロ。他の24件は伝聞に基づくものですから限りなくゼロに近い、怪しい事件例だということです。虐殺、暴行が多発したなどということはこの事件簿からみてもとても考えられない、ということになります。

話はちょっと飛びますが、東京裁判で南京虐殺が告発された時のことです。国際委員会のマギー牧師は、南京国際赤十字委員長も務めていましたが、東京裁判では、ベイツ宣教師とともに、告発の中心者でした。裁判で証言を2日間にわたり縷々《るる》並べ立てたのですが、ブルックス弁護人が「それでは只今のお話になった不法行為もしくは殺人行為というものの現行犯を、あなたご自身はいくらくらいご覧になりましたか」と反対尋問しますと、「ただわずか1人の事件だけ目撃しました」と回答したのです。しかも、これは日本兵に誰何《すいか》された中国人が突然逃げ出し、日本兵はそれを追いかけて射殺した、というものでした。これは合法殺害であり、虐殺には当たりません。前記した事例によく似ています。もしかしたら同一事例かもしれません。

3　人口問題

ベイツはその後、軍民合わせて4万人、そのうち一般市民1万2千が虐殺されたという説を唱え、東京裁判でも証言します。そのうちに、30万虐殺説が現れ、今では中国の公式の見解は30万虐殺となっています。

現実には、少なくとも大規模虐殺など全く考えられないことはこれまで述べてきました。スマイスやヴォートリンの日記、手紙などから明らかです。一応、4万だとか、20万（東京裁判判決）だとか、30万だとかいった荒唐無稽の虐殺数字について、その虚構性の根拠を、まず人口統計という観点から説明しておきたいと思います。

南京は当時１００万都市でした。しかし、上海で中国軍が敗退し、南京に向かって敗走して来ることが明らかになりますと、多くの南京市民は脱出を始めます。戦乱に巻き込まれる危険から逃げるのは当然ですが、中国軍が「清野《せいや》作戦」という敵に何も渡さずに焼き払う作戦をとっていることもあって、一般市民は逃げ出すことが第一と考えたのでした。南京に残ったのは、行く先のない貧しい階級の人たちばかりで、富裕層はほとんど逃げ出したのでした。

11月28日に王固盤警察長官が、「ここ南京には未だ20万人が住んでいる」という談話を出しました。これが公的な人口見積もりとしては最後のもので、国際委員会も人口を20万と想定してその後、食糧配給などの活動して行きます。委員会の文書『南京安全地帯の記録』("Documents of The Nanking Safety Zone")には、12月17日、12月18日、12月21日、12月27日に人口20万と記録されています。

つまり、ベイツや報道記者がいうような大規模な虐殺など起こってはいないと、委員のメンバーは想定していたのでこのように記録していたわけです。４万人も虐殺があったら人口は「減る」はずだからです。

ところが、逆に人口は１月14日の記録では、25万に増えているのです。これは、前章で述べましたように、日本軍が12月24日から全市民の住民登録を行ったからです。安全区に依然として中国兵が潜伏していることが明らかなので、これを摘発し平民分離を行うためです。この結果、想定していたより人口が多いことが分かり、25万となったのです。いずれにしても、虐殺による人口減など誰も考えていませんでしたし、それが事実だったのでした。

東京裁判では、ロヴィン弁護人が南京の人口は20万なのにおかしいではないか、と異議を申し立てたのですが、裁判長がその証拠能力云々といった見当はずれな答えをしました。ところがロヴィン弁護人がこの証拠書類は検察側が出した資料であるということを明確に徹底的に主張しなかったようで、残念なことです。

4　埋葬記録

目撃証言や人口についての記録などからすると、南京で「事件」と呼ばれるような暴行、虐殺が起こったとはどうしても考えられません。では、東京裁判に提出された埋葬記録はどうでしょうか。

中国軍は南京で自軍兵士の死体処分をせずに、遺棄したままで撤退していきました。平民分離作業が終了した後に課題となってきたのが、この膨大な「戦死体」の埋葬の問題でした。日本軍の特務機関は自治委員会にこの埋葬を指示しますが、埋葬活動は特務機関の資金援助の下、南京自治委員会の自発的活動という建前で展開されました。１体の埋葬費として特務機関は30銭を支払いました。実際の埋葬は「紅《こう》卍《まんじ》字会」（中国の道教系の宗教団体）に請け負わせて行ったのです。

支払いをしますので、紅卍字会の埋葬日報は日時、場所、人数、男女、子供などが記入され、２月初めに始まり、３月に終了しました。総数で、４万１千３３０体です。これはかなり水増しした数字であることは、特務機関では把握していましたが、自治委員会に対する資金援助という意味もあるので、黙認してこの数字に対して、お金を支払っていたということです。

東中野教授は『南京虐殺の徹底検証』（展転社、１９９８年）316頁で、この埋葬作業を指揮した丸山進氏に対するインタビュー、１日に可能な埋葬数などをもとに、実際の埋葬数を推計しています。それによりますと、多く見積もっても2月、3月の埋葬数は1万5千450体となるとのことです。いずれにしても「戦闘で死亡した兵士の死体」であり、虐殺とは関係ない数字です。

ところで、埋葬記録はこれに加えて、崇善堂《すうぜんどう》が11万2千266人埋葬したという数字が南京軍事法廷に提出され、これが東京裁判の検察資料にも登場しました。しかし、崇善堂なる団体は当時ほとんど活動をしておらず、自治委員会報告にその名が出てきません。また、国際委員会の文書にも紅卍字会に死体の埋葬を行わせているという記録があるのですが、崇善堂などという名前は出てきません。このことを最初に指摘したのは、南京事件研究家として知られた阿羅《あら》健一さんかと思います。ともかく完全なデッチアゲの架空の数字であることは明らかです。

こんな完全なデッチアゲ資料を平然と公文書である検察の資料に採用して裁判を行ったのが中国です。呆れかえった話ですが、最近の福島の処理水問題でのデマ宣伝をみていると、中国の体質は全く変わっていないなと痛感します。情報の自由が徹底的に統制されている共産党政権ではむしろひどくなっているとみておかないといけないでしょう。

さて、この埋葬数字から明らかになることがいくつかあります。その一つは、南京戦は城内に対する日本軍の砲撃、また城門突破の攻撃はありましたが、ほとんどの戦いは外周陣地、複郭陣地をめぐる戦いであって、12月13日に城門突破した後は、城内での戦闘はほとんどなかったとこれまで述べてきたことが証明されるということです。なぜかと言いますと、４万１千３３０体のうち、城内の死体は１千７９３体（全体の４・３％）に過ぎないからです。３万９千５３７体は城外の死体です。

次に分かることは、城内の死体のうち女性は８体、子供は26体であるということです。従って城内で虐殺が起こったとは考えられないのです。12日まで猛烈な砲撃が行われていたわけですから、巻き添えで亡くなった方がかなりいたと推定されますが、この女性・子供の数はそれに該当すると考えられるということです。もし、ベイツの書いているような蛮行を日本軍が行い、市民１万２千が虐殺されているとしたら、どう考えてもこんな数になるはずがありません。

ともかく南京市内＝城内に日本軍がなだれ込み中国軍と激烈な戦闘を行い、さらに日本軍は市民を見境なく殺した、という「いわゆる南京虐殺イメージ」というものはとんでもない見当外れの「架空イメージ」であるということをしっかり認識すべきであると思います。根本的にありえない話なのです。

5 ティンパーリ『戦争とは何か』

ティンパーリ編『戦争とは何か：中国における日本の暴虐』(What War Means : Japanese Terror in China) は、「南京虐殺」を国際的に広めるのに大きな役割を果たした英文書籍です。ハロルド・ティンパーリはオーストラリア出身で、当時イギリスのマンチェスター・ガーディアン紙の特派員をしていましたが、その後、実は中国国民党の工作員になっていたことが判明しました。

ティンパーリは南京戦当時、南京にはおらず上海にいましたが、安全区国際委員会のベイツ、フィッチなどからの報告や安全区国際委員会の文書（まとめたものが『南京安全地帯の記録』）その他各地の日本軍の暴行に関する報告や情報などをまとめてこの本を編集しました。

その中心は、ベイツからの情報で、4万人の軍人と市民が虐殺され、そのうち1万2千人は市民であったという根拠のない情報も掲載されています。

この本の中に、前にご紹介しましたベイツが「諸友宛」に送った報道用の「虚報メモ」（であることは既に証明しました）が載っているのです。

ティンパーリが国民党の工作員であることは、歴史研究者の鈴木明氏が『新「南京大虐殺」のまぼろし』（飛鳥新社　1999年）で明らかにしました。中国で発行されていた『近代来華外国人名辞典』に「1937年盧溝橋事件後、国民政府は彼を英米に向けて派遣し、宣伝工作に当たらせ、次いで国民党中央宣伝部の顧問に任命した」と書かれていることを発見したのです。

さらに、国民党中央宣伝部国際宣伝処処長の曾虚白の自叙伝『曾虚白自伝』（連経出版事業公司：台北、1988年）には、次のように書かれているのです。北村稔著『「南京事件」の探求』（文藝春秋、2001年）より引用。

「ティンパーリは都合の良いことに、我々が上海で抗日国際宣伝を展開していた時に上海の『抗戦委員会』に参加していた3人の重要人物のうちの一人であった。そういうわけで彼が上海に到着すると、我々は直ちに彼と連絡を取った。そして彼に香港から飛行機で漢口（当時国民政府はここに避難していた——筆者注）に来てもらい直接会って、全てを相談した。我々は秘密裏に長時間協議を行い、国際宣伝処の初期の海外宣伝計画を決定した。

我々は目下の国際宣伝においては中国人は絶対に顔を出すべきではなく、我々の抗戦の真相と政策を理解する国際友人を探して我々の代弁者になってもらわなければならないと決定した。ティンパーリは理想的人選であった。かくして我々は手始めに、金を使ってティンパーリ本人とティンパーリ経由でスマイスに依頼して、日本軍の南京大虐殺の目撃記録として2冊の本を書いてもらい、印刷して発行することを決定した。（中略）この後ティンパーリはその通りにやり、（略）二つの書物は売れ行きの良い書物となり、宣伝の目的を達した」

ティンパーリは、マンチェスター・ガーディアン紙の特派員という中立的なジャーナリストという建前でふるまっていまして、彼に騙された日本のジャーナリスト、外務省関係者もかなりいたようです。同盟通信社の編集局長だった松本重治《しげはる》氏は彼とは交際していて、『What War Means』を彼から渡されたが、読んで気持ちが悪くなって捨ててしまった、と語っていますが、やはりかなり影響を受けたようです。日本のいわゆる「虐殺派」の学者なども『What War Means』を、第三者が見た真実を語る文献として、虐殺があったことの拠り所にしていた人が多いのです。しかし、実は正真正銘の捏造本・プロパガンダ本に過ぎなかったことが今や完全に明らかになったのです。

宣伝戦略として、「中国人は絶対に顔を出すべきではなく、我々の抗戦の真相と政策を理解する国際友人を探して我々の代弁者になってもらう」と『中国国民党新聞政策之研究』（王凌霄　近代中国出版社：台北 1996）に書かれているところに注目すべきです。この戦略が見事に功を奏したわけです。

ティンパーリの中国との関係はこれで終わるどころか、海外宣伝網のアメリカでの責任者として活動をしていきます。曾虚白曰《いわ》く『「南京事件」の探求』より引用。

我々はティンパーリと相談して、彼に国際宣伝処のアメリカでの陰の宣伝責任者になってもらうことになり、トランス・パシフィック・ニュースサービス（Trans Pacific News Service）の名のもとにアメリカでニュースを流すことを決定した。同時に、アール・リーフ（Earl Leaf）がニューヨークの事務を、ヘンリー・エヴァンス（Henry Evans）がシカゴの事務を、マルコム・ロショルト（Malcolm Rosholt）がサンフランシスコの事務を取り仕切ることになった。

中立のジャーナリストどころか、国民党の国際宣伝処がアメリカにつくったプロパガンダ会社の責任者をやっていたのです。ティンパーリが編集した『戦争とは何か：中国における日本の暴虐』は、正真正銘の中国のプロパガンダ本だったのです。南京事件研究者は、少なくともこのことくらいは認識したうえで、南京虐殺を論ずべきです。

6　ベイツ教授は中華民国政府顧問であった

ベイツがダーディンなどの外国人新聞記者にニセ情報のメモを渡していたことは既に述べましたが、宣教師であり南京大学教授であったベイツが、実は中華民国政府の顧問であることが判明したのです。

東中野修道教授は、イエール大学所蔵の南京関係文書の中から、ベイツの顔写真入りの新聞切り抜きを発見しました。（134頁図表）『南京事件―国民党極秘文書から読み解く』（草思社　２００６年）118～119頁に左記の通り掲載されています。

「中国の首都ナンキンの城門を攻める日本軍の砲撃がこだまする中、それに怯むことなく、オハイオ州ハイアラム出身の南京大学歴史学教授にして、中華民国政府顧問のマイナー・サール・ベイツ博士は、城壁で囲まれた南京城内の自らの持ち場を離れることを拒否した。アメリカ大使館は、ベイツ博士が最後の瞬間に逃げることを許可し、彼に城壁を降りる際の縄ばしごを提供した」

結局、南京虐殺情報を発信した中心者2人は、中国政府顧問か国民党国際宣伝処の工作員だったということなのです。

しかし、中国の協力者であったからといって彼らが発信した情報が「ウソ」であったことの証明にはならないという人がいるかもしれませんが、これまでの説明で、彼らの言うことは事実とはかけ離れた、ウソであることは十分に証明したかと思います。

くどいかも知れませんが、もう一つこのことを証明する資料がありますので、ご紹介しましょう。それは、これまでも取り上げました『虐殺の目撃者』(Eyewitnesses to Massacre: American Missionaries Bear Witness to Japanese Atrocities in Nanjing, M.E. Sharpe, NY, 2001)です。

In Nanking With Ropes for Walls

Undaunted by the thunder of bombs and shells as Japanese battered at the gates of China's capital, Dr. Miner Searles Bates, above, of Hiram, O., professor of history at Nanking University and adviser to the Chinese central government, refused to leave his post inside the walled city. The U. S. embassy furnished Dr. Bates with wall-scaling ropes to permit him to escape at the last moment.

(『南京事件－国民党極秘文書から読み解く』東中野修道著、草思社)から引用この本は、安全区国際委員会の委員のうち９人の宣教師が南京から避難していた家族や友人などに送った手紙を収めたもので、４６０ページに及ぶ浩瀚《こうかん》な記録集です。９人の名前と略歴は次の通りです。

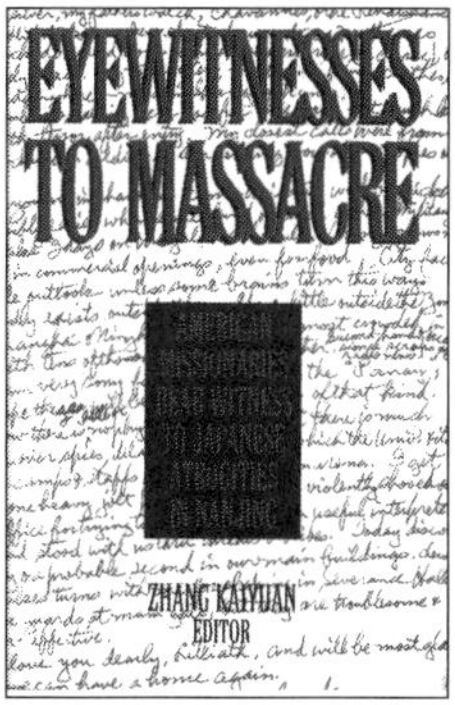

●ミニー・ヴォートリン：イリノイ大学卒。宣教師となって中国に派遣され、南京金陵女子大学教師、実務上の責任者学長。

●マイナー・S・ベイツ：オックスフォード大卒。宣教師として南京大学政治・歴史学教授。後副学長。

●ロバート・O・ウィルソン：プリンストン大学・ハーバード大学医学部卒。南京のキリスト教系鼓楼病院に着任。

●ルイス・S・C・スマイス：シカゴ大卒。南京大学社会学教授。

●ジェイムス・H・マッカラム：オレゴン大卒。エール大神学士号、シカゴ神学校修士号。南京大学病院の経営に携わる。

●ジョン・G・マギー：エール大卒。アメリカ聖公会神学士。伝道団宣教師として南京に赴任。

●ジョージ・A・フィッチ：中国生まれ。キリスト教長老伝道団牧師の息子。ウースターカレッジ卒。YMCAで働くことになり中国に戻る。

●W・プラマー・ミルズ：コロンビア神学院神学士。中国YMCAで働く。南京の長老教会伝道団の一員。

●アーネスト・H・フォースター：プリンストン大卒。南京セントポール聖公教会勤務。

このように、これら教養あるキリスト教者9人ですが、実際に日本軍による虐殺や暴虐を見たとの記録を残していたとすれば、ベイツの言ってることは必ずしもウソではなかったということになるかもしれません。家族や友人に送った手紙ですので、プロパガンダの要素は極めて薄い、率直な見解が述べられたと思われる手紙です。

この記録集を丹念に調べた方がいます。南京事件研究者の松村俊夫さんという方です。9人の手紙の12月13日から翌年にかけての記述をたどり、確かめてみると、日本軍による住民虐殺を目撃したという記述は、全くないというのです。松村さんはこの調査結果を30ページほどの論文にまとめています。『アメリカ人の「南京虐殺の目撃証人」は一人もいなかった』（松村俊夫）と題する論文です。出版されていないのは残念ですが、この論文は「史実を世界に発信する会」のサイトに掲載されています。

https://hassin.org/01/wp-content/uploads/American-1.pdf

これで、「南京虐殺」なるものは、事実ではなくプロパガンダであったということが、ほぼ完全に証明されたのではないかと思います。

実はさらに、これにとどめを刺す決定的な事実が明らかにされたのです。

７　アメリカ宣教師団は中国軍支援を決定していた

池田悠さんは『一次史料が明かす南京事件の真実―アメリカ宣教師史観の呪縛を解く』（展転社、２０２０年）という著書で、南京事件発信源の解明にとどめを刺す重大な事実を明らかにしました。
本章2、安全区国際委員会と「南京安全地帯の記録」で述べましたが、安全区国際委員会は、委員長はドイツ人のラーベですが、安全区の発案者はミルズ宣教師であり、実質的な運営は13人の宣教師によって取り仕切られていました。その発案者のミルズが、安全区設立のための初会合の前日に宣教師仲間の会合で次のように言っていることが、ヴォートリンの日記『南京事件の日々』に記録されているのです。

「機密事項：私たちの会合で、ミルズ氏は強い願望を表明した。すべての教育を受けた人々を欧米に行かせる代わりに、宣教師の一団が降りて中国軍を手助けし安心を与えるように試み、混乱と略奪の中、小集団であってもそれが中国にとっていかなる意味を持つかを彼らに知らしめる方がずっと良いと」（1937年11月18日）。

安全区発案者のミルズ宣教師の本当の意図は、布教のために「中国軍を支援保護したい」ということだったのです。しかし、大事なことは、これはミルズ個人の意見というわけではありませんでした。

昭和12年（１９３７年）５月６日（盧溝橋事件が起こる2か月前のことです）、上海で開催された全国基督教連盟（National Christian Council）の２年に一度の総会において、蒋介石夫人である宋美齢《そうびれい》の呼びかけに応える形で、蒋介石が推進している『新生活運動』にキリスト教徒（プロテスタント）は、個人・団体を問わず、全面協力をするという決議を行ったのです。『新生活運動』は、生活の三化「軍事化、生産化、芸術化（合理化）」を掲げていました。蒋介石は南昌行営での昭和８年（１９３３年）10月2日の演説で述べています。

「軍事化とはすなわち軍隊の組織・軍隊の規律・軍隊の精神・軍隊の行動および生活を以て、政治・経済・教育に普及せしめ、社会全体がそれによって一つの戦闘隊になり、最終的に大衆すなわち軍隊、軍隊すなわち大衆、生活すなわち戦闘、戦闘すなわち生活という目的に達する」

つまり、『新生活運動』に全面協力するということは、こうした軍事化に全面協力することを意味しているのです。これは精神的にということにとどまらず、実際の行動で協力していくことを意味していました。これが、中国におけるアメリカ・プロテスタントの実態だったのです。

『新生活運動』の実行責任者は蒋介石の腹心の黄仁霖大佐（総幹事）でした。ミルズ宣教師は、「長年、軍官道徳励進会の責任者で、今や戦地服務団の責任者に任命された黄仁霖大佐を呼び出し、中国軍を支援保護したいというプランを彼に伝えた」ということが、ヴォートリン日記の11月18日には記されているのです。

ミルズの中国軍支援は全国基督教連盟の方針に沿った、南京在住の宣教師団の方針として計画され、しかも蒋介石の腹心である黄仁霖大佐に伝えられたものだったということです。当然、蒋介石にはこのことが伝えられ、南京における宣伝戦は、アメリカ宣教師団の全面的な支援によって行われたものであったということです。

池田さんは、南京暴虐・虐殺の発信源をたどっていくと、そのほとんどすべてが、国際委員会、実際にはアメリカ宣教師団の情報に起因していることを『一次史料が明かす南京事件の真実―アメリカ宣教師史観の呪縛を解く』で見事に論証しています。

また、安全区に潜伏した敗残兵を〝戦争捕虜〟（Prisoner of War）としてかばおうとしたり、それが国際法上認められないと知ると、今度は「今はこの地帯に武装解除された中国兵のグループは全くいないと各自に保証することができます」（『安全地帯の記録』12月18日、日本大使館宛て文書）と嘘を言ったりしています。実際はアメリカ宣教師管轄下の難民キャンプに兵士が潜伏しており、しかも武器も隠し持っていたのです。

ニューヨーク・タイムズ（１９３８年１月４日）には、次のような記事が出ているのです。

「南京の金陵女子文理学院に、難民救済委員会の外国人メンバーとして残留しているアメリカ人教授たちは、かれらが逃亡中の大佐一名とその部下の将校６名をかくまっていたことを発見し、ひどく気まずい思いをした。その将校たちは、中国軍が南京から退却する際に軍服を脱ぎ捨て、大学の建物の一つに住んでいることを発見された。彼らが大学の建物中に、ライフル６丁、拳銃５丁、砲台から外した機関銃１丁そして爆薬を隠していたことを日本軍の捜索隊が発見した後、彼らは中国兵であることを告白した」

池田さんは結論付けます。「アメリカ宣教師団は、そもそも非武装化が難しい中国軍の砲台エリアに安全区を設定して戦闘中も安全区内に砲台や兵士の存在を許した。そして戦闘後は安全区への兵士の大規模な流入を許し、そして、安全区内への敗残兵潜伏を助けたのである。まさに、ミルズ宣教師の宣言通りに中国軍の支援保護を実行したのである」と。

南京虐殺宣伝戦は、こうした中国軍支援の一環であったということです。

8　捕虜の処刑の問題

「南京事件」なるものは南京安全区の国際委員会を取り仕切ったアメリカ宣教師団と、中国政府、国際宣伝処などの合作による一大謀略宣伝に他ならないことは今や完全に明らかになりました。

しかし、日本軍の行動にも問題があったのではないかと思われる方もいるかもしれません。その一つの問題として、捕虜の処刑という問題について、調べてみることにします。

捕虜の取り扱いについては、日本軍は昭和12年8月5日、「交戦法規の適用に関する件」という陸軍次官通達を出しております。「今次事変に関し交戦法規等の問題に関しては別紙に準拠するものとす」として次のように訓令しています。

「現下の情勢に於いて帝国は対支全面戦争を為《な》し非《あら》ざるを以て、『陸戦法規慣例に関する条約その他交戦法規に関する諸条約』の具体的事項を悉《ことごと》く適用して行動することは適当ならず」

「悉く適用」の意味するところですが、日支全面戦争を相手に先んじて決心するかのような誤解を諸外国に与えることを避けるためということを4項で述べています。つまり基本的には交戦法規を順守するということです。

ハーグ陸戦法規によれば、捕虜の命を理由なく奪うことを禁じています。ただし、敵に捕らえられた戦闘員にも合法戦闘員と不法戦闘員とがあり、次の交戦者の資格を満たしているものが、合法戦闘員と認められ、捕虜の権利を認められると規定されています。

（1）部下のために責任を負うものその頭にあること。
（2）遠方より認識し得べき固着の特殊徽章を有すること。
（3）公然兵器を携帯すること。
（4）其の動作につき戦争の法規慣例を遵守すること。

この4条件を守っている戦闘員が戦時国際法の保護を受けられるのであり、これに反する不法戦闘員は捕虜の権利は与えられないということです。
2002年1月、ラムズフェルド国防長官は、アメリカ政府の一致した見解として不法戦闘員に次のように述べています。

「彼ら（タリバンやアルカイーダ）は戦争捕虜としてではなく不法戦闘員として扱われる。（略）私の理解するところ、国際法上、不法戦闘員はジュネーブ条約の定める如何なる権利もみとめられない」

Do DNews : Secretary Rumsfeld and Gen. Myers, United States Department of Defense News Transcript, January 11, 2001.

「安全地帯」に逃げ込んだ敗残兵の掃討を第7連隊が、14日、15日、16日の3日間で6670名の敗残兵を摘発し、処分しました。この処刑は非合法ではなく、従って虐殺ではありません。敗残兵は、軍服を脱ぎ捨て平服をまとい〔交戦者の資格（2）に違反〕、もちろん（1）も満たしてはいませんし、（3）も武器を隠していましたので違反していました。

国際委員会は「これら武装解除された兵士達を法的資格を満たした戦争捕虜であると完全に認めるものであります」という文書を12月15日付で、日本大使館宛て〔福田篤泰外交官補〕に提出しています（『南京安全地帯の記録』第4号文書）。

ところが、こんな非常識な論が通るはずがないことに気が付いたのか、その後二度と安全地帯に逃げ込んだ中国兵の処刑を捕虜殺害と非難することはありませんでした。そればかりではなく、ティンパーリの著書『What War Means』にベイツは匿名で「埋葬による証拠の示す所では、4万人近くの非武装の人間が南京城内または城門付近で殺され、そのうちの約30%はかつて兵士になったことのない人々である」とする一文を第三章に書いて、軍服を脱いだ中国兵を「非武装の人間」と位置づけ、その処刑を日本軍の不法殺害と主張しました。しかし、この記述は『What War Means』の漢訳版から国民党中央宣伝部は削除しているのです。中央宣伝部もあまり低級な国際法解釈を載せてはまずいと考えたということでしょう。

捕虜の処刑については、この安全区に逃げ込んだ不法戦闘員の処刑のほか、幕府山《ばくふさん》事件であるとか、戦闘中の捕虜処刑の例などを取り上げて日本軍の非を糾弾する人たちがいます。しかし、捕虜の命を「理由なく」奪うことは戦時国際法で禁じられていますが、国際法に違反している捕虜の殺害は、合法的であることはいうまでもありません。また自らの安全が脅かされる危険のあるときには、捕虜を保護することが絶対的に求められているわけではありません。指摘されているケースは、いずれもそれなりの事情があるなかでのことであり、何より当時それが国際的な問題になっていたわけではないということを考えると、戦後になって「あらさがし」をしているというのが実態ではないかと思います。
つまり、日本軍は捕虜の取り扱いについて、特に問題のある行動をしていたわけではないということです。

9　虐殺事件とは

ここで、一つ確認しておかなければならないことがあります。昭和13年２月７日に南京で行われた上海派遣軍慰霊祭の後、松井石根司令官は各指揮官に軍規引き締めの訓令を行いました。（これは松本重治の『上海時代―ジャーナリストの回想』〔中公新書、１９７４年〕に12月18日の合同慰霊祭の時と書かれていて、そう思われてきましたが、最近の研究では２月７日が正しいようです）。

「せっかく皇威を輝かしたのに一部の兵の暴行によって一挙にそれを落としてしまった」と泣いて怒ったと伝えられています。これは兵士が暴行など不法行為を行った証拠ではないか、という人がいます。

東京裁判で南京掠奪暴虐事件の告発に対して、上海派遣軍法務官同検察官を務めていた塚本浩次は次のように証言しています。

「私の処断した事件の中に将校は4、5人はいたと思うが、その他は兵卒による散発的な事件が大部分であった。罪種は主として掠奪、強姦であり、傷害、窃盗は少なく、それに起因する致死は極めて少なかったと記憶している。殺人も2、3件あったと思うが放火を処断した記憶はなく、また集団的虐殺犯は取り扱ったこともない」

ここまで、南京で起こったことを説明してきましたが、この証言はそれとほぼ符合していることが分かります。『安全地帯の記録』に記載されている殺害事件は25件でしたがうち目撃証言のあるのは1件だけでした。すなわち、起こったすべては2、3件という、塚本法務官が証言しているのに近いものであったというのが実態だったと推測できます。

2、3件といっても「あった」ではないか、という人もいるかもしれません。しかし、万単位の軍が行動する中で、犯罪行為が「皆無」ということはまずありえません。それは、安全と言われている通常の人間社会でも、ある確率で犯罪や殺人は起こるという事実を考えてみれば分かることです。日本は世界一安全な国と言われていますが、では殺人はゼロかというとそんなことはありません。人口当たりの殺人件数比率が、日本は世界でダントツに低いですが、殺人はあります。その少ない殺人を取り上げて、ほら殺人がある、「日本は殺人国家」だというのでしょうか。

南京の２、３件の殺人と比べて、日本を占領した連合軍の場合はどうでしょうか。広島県の呉には連合軍が昭和20年11月６日に上陸、駐屯しました。年末までの７週間ほどの間に日本人市民を殺害した記録が警察の記録として残っています。なんと14人です。これが国際標準と考えますと、日本軍の２、３件がどれほど少ないか、つまり日本軍の規律がどれほど優れていたか分かるのではないでしょうか。こんな少ない非行をとらえて、「虐殺」事件とするのは全く見当外れです。国際標準に外れたたわごとと言わねばなりません。

このように国際的な標準で見れば、極めて軍規優秀な日本軍だったのですが、松井司令官からしたら、たった１件でも許せないという思いから、部下を泣いて叱ったというのが真相かと思います。

また、「大虐殺」ということになると、「組織的、計画的、国際法違反の殺人行為」ですが、松井司令官は南京攻略に際して「組織的、計画的」に惨事を防ごうとしていたのでした。12月7日に発令された「南京城攻略要領」には、次のように記されていました。

1、皇国が外国の首都に入城するは、有史以来の盛事にして、長く竹帛《ちくはく》に垂るべき事蹟たると、世界の斉《ひと》しく注目しある大事件なるに鑑み、正々堂々将来の模範たるべき心組を以て、各部隊の乱入、友軍の相撃ち、不法行為等、絶対になからしむるを要す。

2、部隊の軍規風紀を特に厳粛にし、支那軍民をして皇軍の威風に敬仰《けいぎょう》帰服《きふく》せしめ、苟《いやしく》も名誉を毀損するが如き行為の絶無を期するを要す。

〈3、4略〉

5、略奪行為を為《な》し、又不注意と雖《いえど》も火を失する者は厳罰に処す。〈以下略〉

しかも、この計画は「世界標準」からするなら、見事に実現されていたというのが実際でした。（2、3件の殺人と、連合軍の呉上陸における14人と比べれば歴然です）。ところがなんと、大虐殺の汚名を着せられ、処刑されたのですから、勝者の裁判のひどさを痛感させられます。

10　ニセ写真によるプロパガンダ

中国政府によるニセ写真を使ったプロパガンダは上海戦の頃から実施されていました。その代表的な例が１９３７年８月28日の空襲後に撮影された153頁の写真です。アメリカの『ライフ』誌１９３７年10月４日号に掲載され、アメリのみならず世界中の人々に強烈なインパクトを与えました。極悪非道の日本というイメージが広がったのです。ルーズベルト大統領もまともにその影響を受けたようです。その証拠には、１９３８年７月に結成された「日本の侵略に加担しないアメリカ委員会」が発行した80頁のブックレット『American's Share in Japan's War Gult』（「日本の侵

略に加担しないアメリカ」（名誉会長：ヘンリー・スティムソン）1938年）で、次のような見解を述べているのです。

「宣戦布告もなく、いかなる種類の警告も弁明もなく、女性や子供を含めた民間人が空から降ってくる爆弾によって虐殺されている……」

冗談じゃありません。日本軍は、こんな民間人の密集する所を爆撃などしていません。8月14日に上海租界のパレスホテルなどを爆撃し、1741人の民間人（この中にはライシャワー後の駐日大使の兄上も含まれていました）を殺害したのは、日本軍ではなく、中国軍の爆撃でした。この捏造写真につられて、とんでもないたわごとを大統領ともあろう人がブックレットに書いているのです。写真の影響力の恐ろしさを感じます。

しかもこの写真は、捏造写真であることがその後完全に証明されているのです。『南京事件―「証拠写真」を検証する』（東中野修道、小林進、福永慎次郎著、草思社、2005年）で詳しくその説明がされています。赤ん坊を抱いて撮影場所に運んでいる写真まで見つかっ

ていて、正真正銘の捏造写真です。大統領がニセ写真に騙されている実例です。

南京戦でもニセ写真のオンパレードです。当時流されていたもの、その後流されたものなど大量にありますが、ダブリを除いていくと143枚になることを同書が明らかにしています。それらすべてを検証した結論は、「証拠として通用する写真」は1枚もなかった、ということでした。

それはそうでしょう。南京虐殺なんてなかったのですから、写真があるはずはありません。すべてプロパガンダ用に捏造されたということです。

よく出てくる次の2つの写真を見てください。まず第一にお気づきでしょうが、この写真は日本軍が撮ったのでしょうか。日本軍の許可なしにこんな写真が撮れるはずはありません。とすると、日本軍は間抜けにもこんな写真を撮ることを許可していたとでもいうのでしょうか。また、当時の写真技術で、日本軍に見つからない遠距離からこんな写真を撮れるでしょうか。ありえません。次に、南京戦は12月です。とても寒い12月の南京を思わせるものではありません。特に上の写真は、然りです。また、下の写真は、影が極めて不

自然で、自然のものには見えません。

本章5、ティンパーリ『戦争とは何か』で述べましたが、国民党国際宣伝処は、アメリカにTrans Pacific News Serviceというニュース・リリース会社（社長：ティンパーリ）をつくり、ニセ写真などをアメリカの新聞などに流していました。（『The Lowdown』）。

THE LOWDOWN, January, 1939（New York）という雑誌のForeign War Propaganda特集号（１９３９年1月号）を見ていましたら、Trans Pacific News Serviceのことが出ていました。Associated Pressが掲載している日本軍将校が中国兵捕虜を試し切りしている写真はおかしいのではないかと抗議を受け、本物の写真であると言い張りましたが、結局Trans Pacificからのものと認めて、引っ込めたという記事です。このように、国際的にニセ写真をばらまく活動を蒋介石政権は行っていたのでした。

ニセ写真にも、説明文を変えるという手法を使ったものもあります。次頁の写真は、『アサヒグラフ』昭和12年（１９３７年）11月10日号に掲載されたものです。アサヒグラフには、「我が兵に助けられて野良仕事より部落へ帰る日の丸部落の女子供の群れ」

というキャプションがついていました。

ところが中国のプロパガンダ写真集『日冠暴行実録』には、同じ写真に、

「江南地方の農村の婦女を拉致して、一群、一群、日本軍の司令部に送り、輪姦して刺殺した」

という、とんでもないキャプションが付けられているのです。

このとんでもない歪曲キャプションに騙されて、笠原十九司《とくし》（都留文科大学教授）は、著書の『南京事件』（岩波書店、1997年）Ⅲの扉に写真を載せ、

「日本兵に拉致される江南地方の中国人女性たち。国民政府軍事委員会政治部『日冠暴行実録』（1938年刊行）掲載」

とキャプションをつけ、日本軍非行の実例として取り上げているのです。

秦郁彦教授の指摘を受け、笠原教授は謝罪し、この写真をひっこめました。

もともとは、朝日新聞の本多勝一記者が『中国の日本軍』（創樹社、１９７２年）でこの偽キャプションの写真を載せていたのでした。その指摘をされ、本多記者は「中国側の調査・証明に基づく」と居直ったのでした。もしジャーナリストとしての良心があるなら、本来ならここで、本多記者は中国側の調査・証明なるもののいかがわしさの徹底的な見直しをこそすべきであったと考えます。

11　平和蘇る南京

ニセ写真ではなく、本物の写真が示す南京の状況はどのようなものであったのでしょうか。忘れてもらっては困りますが、南京には１５０名にも及ぶ新聞記者、カメラマンが日本軍の後を追って入城していたということです。各社競って南京の状況を取材し、日本に送ってきているのです。

特に朝日新聞は、50名もの記者とカメラマンが南京に入っていまして、精力的に取材をしていたのです。12月20日号から、1月13日号まで5回にわたって、写真特集を組んでいます。その第1号が、12月17日に河村特派員撮影の4枚の写真を載せた12月20日号です。題して、「平和蘇る南京〈皇軍を迎えて歓喜沸く〉」です。これこそが南京の姿であったと思われます。

17日と言えば占領5日後ですが、この写真に見るように早くも露天商が出て、兵隊が銃も持たないで買い物をしています。左上には街頭の床屋が営業しています。どこに「虐殺」の余地があるというのでしょうか。

３回目が12月25日号の「南京は微笑む〈城内点描〉」です（160頁）。①玩具の戦車で子供達と遊ぶ兵隊さん（南京中山路にて）と写真説明がついています。また、この写真には「兵隊さんは子供と遊ぶ／南京の街に見る日支明朗譜」と題するレポートが付記されています。

「ヴェルダン要塞戦もかくやと思わせたあの南京攻略戦後のわれら兵隊さんは、兵火の余燼《よじん》が残っているのにすっかり子供に還《かえ》って、抗日の都南京が忽《たちま》ち明朗譜を奏でている。

今日この頃は鉄砲も宿舎に置いて丸腰の見物である。街の一隅では早くも商売上手な支那人が、行軍又行軍で破れた兵隊さんの靴を見つけて手真似足さしで靴を直させてくれという。今までの南京には見られぬ親愛風景である。兵隊さんが靴直し賃をやろうとすると『対人銭不要』と、安心した微笑だ。

われらの兵隊さんは平和を楽しむ。南京総攻撃で慌てふためいて逃げたおもちゃ屋が道路に捨てて行った子供の玩具を拾ってきて支那の子供たちと遊ぶ。兵隊さんだけに戦車とか装甲自動車を選んでいるのも面白い。支那人の子供の無心に遊ぶ様を眺めて、兵隊さんは国に待つわがいとし子を偲んでいるのだ。

新聞記者どの、今夜手紙をたのみます。と、思い出したように国への便りを願うのである」（以下略）

④平和の光を湛《たた》えて支那人教会の庭から漏れる讃美歌（南海寧海路にて）

この教会は、例の東京裁判で2日間にわたり、日本軍の暴虐行為を告発したジョン・マギー牧師の教会です。若い女性たちがこうして讃美歌を歌っているのです。どうして、「日本兵は女と見れば強姦し、その数は数万件に及ぶ」などという判決が出る手

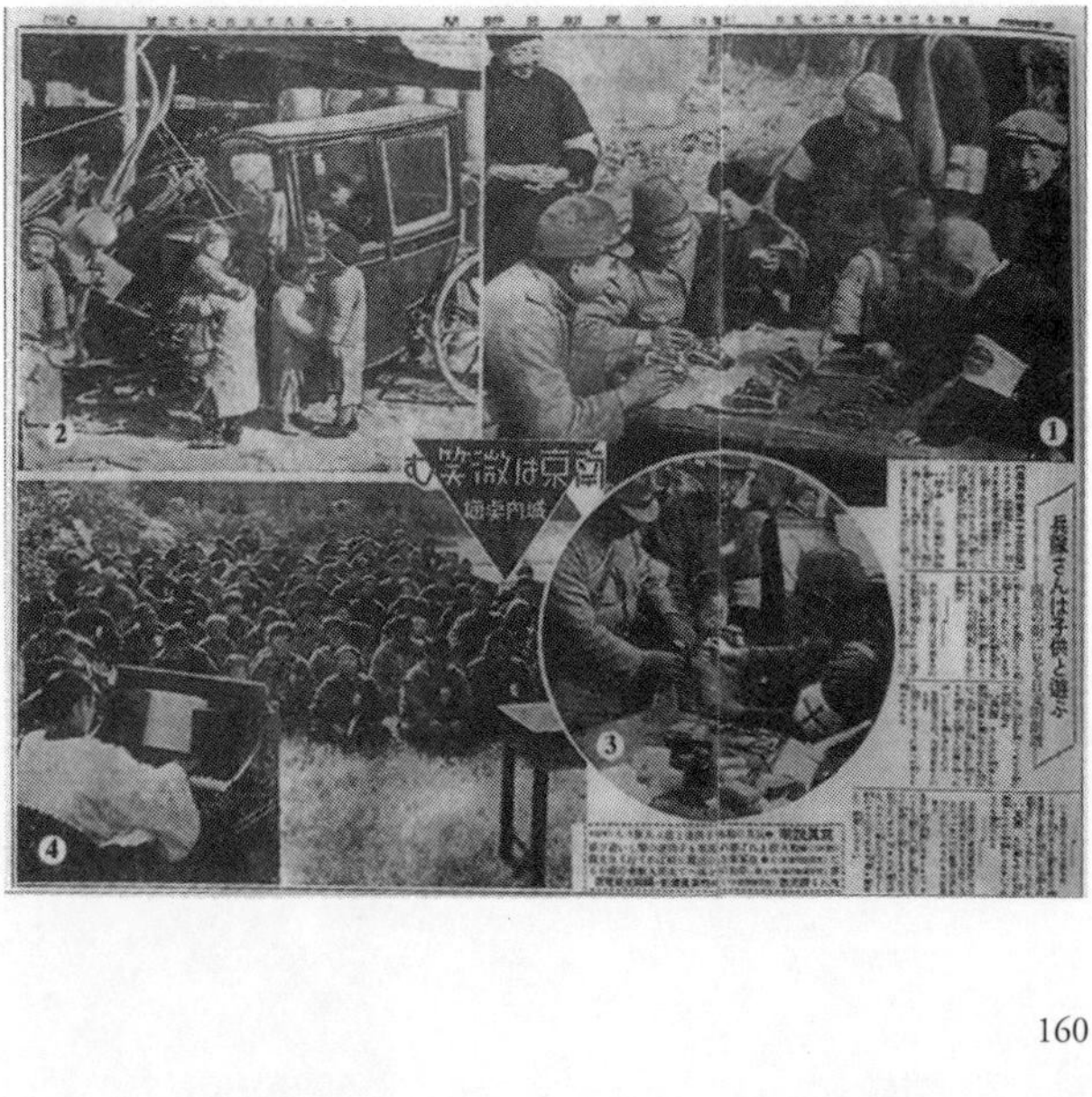

助けをマギーは証言したのか、牧師だからといって信用したらとんでもないことになることを痛感させられる次第です。

これらの写真こそが語る南京の真実を再確認したいものです。

第6章　和平工作の再開

1　トラウトマン工作の条件変化

第3章で述べましたように、昭和12年（1937年）11月2日、日本は正式に日本の和平条件7項目をディルクセン駐日ドイツ大使に通知し、トラウトマン駐華ドイツ大使を通じて蒋介石に日本側条件を通告しました。（11月5日）。しかし、蒋介石はブリュッセル会議に望みを託して、この和平提案を拒絶しました。

日本側はなおも和平への望みをあきらめず、11月15日、グルー駐日アメリカ大使に広田外相が、アメリカから蒋介石への説得を頼んだのですが、アメリカはこれに積極的に対応せず、和平は頓挫してしまいました。

しかし、ブリュッセル会議は蒋介石の思惑通りにはいかず、また上海の戦いは、11月10日には中国軍が一斉に上海を撤退する状況になってきました。11月20日頃、駐日ドイツ大使はさらに和平打診をしたいと広田外相らに伝え、12月2日、トラウトマンは蒋介石と会見しました。蒋介石は日本側の要求は前と同様かたずね、トラウトマンは主要条項に変化なき旨を答えました。すると蒋介石は、

1、支那は講和の一基礎として日本の要求を受諾する。
2、北支の総主権、領土保全権、行政権に変更を加へべからざること。
3、ドイツは当初より講和の調停者として行動すべきこと。
4、支那が列国との間に締結せられたる条約は講和交渉により影響を受けざること。（略）

停戦に関しては、本宣言が日本政府に伝達せられたる後且つ日本政府の承認を経たる後において「ヒットラー」総統より東京並びに南京に対して敵対行為を終息すべき公式並びに厳粛なる「アッピール」ありてこれを行うべきことに同意せり。（外務省編纂『日本

外交文書　日中戦争』第1冊〔一、日本の対処方針3、トラウトマン工作と「対手トセズ」声明の発出、182〕六一書房、2011年)。

12月7日、ディルクセン大使より広田外務大臣あて、右記の覚書が伝えられました。

これに対して、陸相、海相、外相が集まって、ドイツ案を通じて提示すべき講和条約を協議して成案を得、大乗的の軌道にまず乗っている案であると石射《いしい》猪太郎《いたろう》東亜局長は、『石射猪太郎日記』(中央公論社、1993年)227～229頁に書いています。

ところが、翌日になって杉山元陸軍大臣が、昨日の申し合わせのドイツに斡旋してもらう案は破棄したいと言ってきたというのです。そして改めてドイツ利用論と反対論が意見を戦わすことになります。しかし、結局ドイツを通じてという論にまとまります(前掲『日本外交文書　日中戦争』第1冊)。

ところが、岡崎久彦氏は『百年の遺産』(海竜社、2011年)の中で、次のように書きます。

12月7日、この条件で交渉していいかと、トラウトマンがもう一度確認を求めた際、外、陸、海三相会議は確認しますが、翌朝、杉山陸相がこの仲介は断ることにした、総理も同意している、と言います。

石原《いしわら》が満洲に転任させられている陸軍内における強硬派の突き上げで、一夜にして約束を反故《ほご》にしたのです。

石射は何とかもう一度、閣議に挙げるところまで持って行きますが、閣議では華北の諸協定は存続し、華北は特殊地帯として行政権は国民政府に返還せず、しかも戦費の賠償まで要求するという特殊条件が付加されます。

つまり和平はしないということです。しかもその間、原案を支持したのは海軍だけで、近衛首相も広田外相も、一言も発言していません。これだけ重要な内容に二人とも何の意見も見識も表明していないのは驚くべきことです。

これではまるで、杉山陸相の反対で、トラウトマン工作は断ってしまい、そのためにせっかくの和平が実現しなくなった、と言わんばかりです。これを読んで、陸軍の強硬派、拡大派のために和平が出来なくなってしまったと解釈する方が随分いますし、岡崎氏自身そう思っているのかもしれません。しかし、岡崎氏は、思い違いというか、曲解しています。

まず、一旦、杉山陸相の意見でトラウトマンの斡旋を断ることになったかのように言ってますが、前記したように、ドイツ利用論と反対論の議論の結果、結局ドイツに仲介を頼むことになったのですから、ドイツに仲介を断ってはいません。条件については、三相会議などで決められることではなく、閣議、大本営政府連絡会議に掛けられるべきことです。

前出の『日本外交文書　日中戦争』第一冊．3〔トラウトマン工作と「対手トセズ」声明の発出〕の182の注で、石射自身もそう述べています。

12月21日閣議決定した、ディルクセン、ドイツ大使に対する回答案（我が国の和平条件）は、次の通りです。

1、支那は容共抗日満政策を放棄し日満両国の防共政策に協力すること。
2、所要地域に非武装地帯を設け且《かつ》該各地方に特殊の機構を設置すること。
3、日満支三国間に密接なる経済協定を締結すること。
4、支那は帝国に対し所要の賠償をなすこと。

（別紙）

日支講和交渉条件細目

１、支那は満洲国を正式に承認すること。

２、支那は排日及び反満政策を放棄すること。

３、北支及び内蒙古に非武装地帯を設定すること。

４、北支は支那主権の下に於いて日満支三国の共存共栄を実現するに適当なる機構を設定之に広範なる権限を付与し特に日満支経済合作の実を挙ぐること。

また、条件について岡崎氏はとんでもないことを言っています。「華北は特殊地帯として行政権は国民政府に返還せず」と書いていますが、和平条件で、「4、北支は支那主権の下に於いて日満支三国の共存を実現するに適当なる機構を設定、之に広範なる権限を付与し、特に日満支経済合作の実を挙ぐること」となっているのを、支那に行政権を返還せずと批判しています。

しかし、条件では「支那主権の下に於いて日満支三国の共存共栄を実現するに適当な機構を設定し之に広範な権限を与える」と言っているので、形式からいえば行政権は3分の1返還ということになります。もともと紛争地だったわけですから、こうした形で安定状態を作り出すのは、当然といえるでしょう。また、12月14日には北京に「中華民国臨時政府」宣言が王克敏委員長のもと発せられており、そうした状況下ではきわめて適切な方策としての条件とみることができます。

また、華北の諸協定は存続し、と言っているのも不正確です。1月11日の御前会議決定の別紙乙には（2）講和に関して廃棄すべき約定として、梅津・何応欽協定、塘沽停戦協定、土肥原・秦徳純協定、上海停戦協定と前出の『トラウトマン工作と「対手トセズ」声明の発出』の191に書かれています。つまり、講和の前提になっているということなのです。それをここでの条件の字面にないからと言って、あたかもこの諸条約は存続させるかのように言っているのは不正確で、大きな誤解を与える言い方です。

さて、条件について首都の南京が陥落したという一大変化があり、南京戦以前の案のままというのは国民世論からも到底通らないことは明らかで、大本営政府連絡会議では末次信正内相（海軍大将）などが最も強硬な意見を述べ、沿岸に海軍根拠地を求めることまで主張していたことを、石射は前記『トラウトマン工作と「対手トセズ」声明』182の注で述べています。

結局、賠償も付加した過酷なものとなったのは事実です。これは別に陸軍の強硬派の意見ということではなく、一般の輿論《よろん》を考慮に入れての条件付加だったとみるべきでしょう。即ち、杉山陸相が12月7日の三相合意を覆したので、和平への道が閉ざされたかのように言うのは全く当《とう》を得ていない謬見《びゅうけん》であるということです。

さてここで、この和平条件をもう一度見直してみましょう。

この和平条件をよく見てみれば、日中戦争は日本の侵略戦争ではない、ということが明確に示されているといえるのではないでしょうか。

第一に、領土要求など全くしていないという事実です。すでに上海、首都南京、さらに北京を含む北支の主要部分を占領しているのですが、領土要求を全くしていないということは、もともと侵略を目的とした戦争ではないということです。盧溝橋事件以降、北支、そして上海で本格的に戦争を仕掛けてきたのは中国です。それに対する反撃としての戦争が日中戦争であることは、これまで説明してきましたように明白です。しかも、多くの犠牲を払って反撃し、重要地域を占領しました。にもかかわらず、一片の領土要求も行っていないということは、日本は侵略戦争など企《たくら》んでいなかったという明白な証拠です。

第二に、容共抗日政策をやめる、という要求は侵略行為でしょうか。昭和11年12月に蒋介石が張学良《ちょうがくりょう》（張作霖《さくりん》の子）によって虜《とりこ》にされ、反共政策の停止を強要されました。そして、12年の9月には第2次国共合作が行われました。しかし、これは蒋介石の本音ではありませんので、容共政策をやめることは、ある意味では蒋介石にはありがたいことであったはずです。

しかし、共産党が合作によっていろいろな機関に入ってきていますし、また抗日の大義をかざす共産党をそう簡単には抑え込めないというのが実情だったでしょう。従って、これを実行することはかなり難しいこともあったでしょうが、いずれにしても、これが日本の侵略政策とは言えないでしょう。抗日をやめ日中友好を要求することはあまりにも当然のことですから。また防共政策により、蘇支不可侵条約（１９３７年8月調印）の廃棄は要求しないことも、ディルクセン大使への説明で述べています。

また、所要地域に非武装地帯を設け、かつ該地域に特殊機構を設置するということは、当時の不安定な状態からしたら当然のことで、付記（１）では北支、内蒙及び一定地域に保障の目的を以て「必要なる期間」日本軍の駐屯を為すこと、となっています。

付記（２）では、「前諸項に関する日支間の協定成立後、休戦協定を開始す。

「支那政府が前記各項の約定を誠意をもって実行し、日支両国提携共助の我が理想に真に協力し来るにおいては帝国は単に右約定中の保障的条項を解消するのみならず、進んで支那の復興及びその国家的発展、国民的要望に衷心協力するの用意あることをここに闡明《せんめい》す」

と書かれておりまして、友好関係の確立が目的とされていたことが明示されています。

しかし駐日ドイツ大使ディルクセンは、これでは蒋介石も受諾困難だろうと感想を述べたということですが、やはり賠償を加えたことはまずかったと思われます。賠償金の支払いは、単に金銭的な負担のみならず、全面敗北を認めることにもなり、面子《めんつ》の点からも大きな障害になったのではないかと思います。国民世論への迎合がもたらした誤った選択だと思います。

2　陸軍参謀本部の和平実現への尽力

12月23日に広田外相はこの条件をディルクセン駐日ドイツ大使に伝え、ディルクセンはこれをドイツ外相に伝え、彼はこれを駐支トラウトマン大使に伝え、トラウトマンは26日にこれを行政院副院長の孔祥熙《こうしょうき》と宋美齢に伝えました。

翌27日、蔣介石はこの日本提案を国防会議にかけました。会議では汪兆銘《おうちょうめい》の影響下にある交通部長の兪《ゆ》飛鵬と、教育部長の王世傑の二人が日本の条件を受け入れて交渉に入るべきと述べましたが、蔣介石は激怒して二人を解任し、自らは行政院長を辞し、副院長孔祥熙を院長に任じました。これは蔣介石が責任を取ることを回避しようとしたのではないかともみられます。ドイツの軍事顧問団長ファルケンハウゼン中将も勝利の見込みはないので、この条件で妥協するよう説得しましたが、受け入れられませんでした。

中国側からの正式回答は、日本側の指定期限1月5日（昭和13年）になってもありません。近衛首相は1月6日、四相会議（首相、陸軍、海軍、外相）を招集して回答を10日まで待つと決めて回答を催促する内閣書記官長談話を発表しました。

陸軍参謀本部は盧溝橋事件の当初から現地解決、不拡大に努めてきました。その理由は、主敵はソ連であり、中国と戦うことはソ連を利し、百害あって一利もないからです。一刻も早く和を結ぶべきである。そのためには満洲事変以来、北支に於いて得た諸協定を廃棄してもよいという思い切った決断をして、船津和平案を推進しようとしたのでした。そして、上海事変の終末期にトラウトマン和平工作を行いました。

しかし、この和平工作は南京陥落という新たな事態で、日本側は交渉条件を変更します。すると陸軍参謀本部は、この新しい条件では蔣介石にとっては受け入れられない可能性が高く、戦争は続いて泥沼となるから、ここは何としても政府の方針を変更させてどこまでも交渉継続すべきであると主張。これが参謀本部の切実な意志であり、交渉継続を命がけで通そうとしたのです。

12月24日の閣議で中国側に提示した和平条件が拒否された場合、どうすべきかを「事変対処要綱」として決めましたが、その中に「必ずしも南京政府との交渉成立を期待せず、これと別個の収拾を図り……」と書かれていました。別個とは蒋介石以外ということになります。

これでは和平は来ない。この閣議決定を白紙に戻すには、最早、統帥権の発動により御前会議を開催し、天皇陛下より事変の早期終結のご発言を賜る以外にないとして、参謀本部は猛運動に入りました。参謀本部（統帥部）は、内閣とは独立して天皇に直結していますので、このルートを活用しようというわけです。

ここで、統帥権のことについて、あまり詳しくない方もおられると思いますので、簡単に説明しておきます。軍の統帥権は天皇に直結していまして、内閣から独立していることはご存じのことと思います。しかし、これは軍が内閣から独立していることを意味しているのではありません。陸軍大臣、海軍大臣は内閣の一員であり、総理大臣の統率を受けています。では統帥権とは何かと言いますと、陸軍、海軍の軍事行動の命令権のことです。これは陸軍は参謀総長、海軍は軍令部総長を通して天皇に直接統率を受けるということです。

簡単に言いますと陸軍大臣は陸軍の構成・予算・人事管理などを担当しますが、軍事行動に対する命令権はありません。ですから、東條首相は陸軍大臣兼任であっても、海軍に対する命令権はもちろんのこと、陸軍に対する命令権も持っていませんでした。それは陸軍参謀総長が持っていましたから、こういう仕組みですので、陸軍参謀本部は、陸軍省からも陸軍大臣からも独立した権限を持っていたわけです。

　すなわち、陸軍参謀本部は、この立場を利用して、御前会議または大本営政府連絡会議を通じて内閣の方針を改めさせようと試みたわけです。

3　御前会議に持ち込むも

　政府側の外務、陸軍、海軍省首脳は今さら御前会議を開催する必要はないと反対しましたが、参謀本部は頑張りました。その名分は「外務省の交渉は戦勝に便乗した折衝にて、日支提携の根本理念を除外している。戦局の進展とともにこの理念を忘れつつあり、それを以て講和を結ばんとしている。御前会議に於いてはこの根本理念を確立するにある」としていました。猛反対に遭いましたが、大義名分が通り御前会議は1月11日に開催することになりました。

御前会議における天皇のご発言は、慣例により事実上禁止されていました。この慣例を破るために、統帥部を代表して海軍軍令部総長・伏見宮殿下が参内《さんだい》して、陛下にこのことを言上《ごんじょう》したのでした。陛下は内大臣にこのことについて相談されましたが、これを察知した近衛首相はその前に参内して「明日の大本営の御前会議には閣議の決定として、何も陛下からお言葉のないほうがよろしい。結局ただ黙ってご親臨《しんりん》の程度でよい」と申し上げ、伏見宮軍令部総長にもその旨を通知するという手回しをしていたのでした。

そのために、御前会議で陸軍参謀総長・閑院宮殿下が、

「戦勝国が敗戦国に対し過酷な条件を強要するが如き心境は毫末もこれを有すべきにあらずとする根本の観念に立脚しまして、公明正大にして支那民衆をして努めて帝国の講和条件に怨恨を抱かしめず、且つ、公平なる第三国に対しても我真意の存する所を認識了解せしむる為、努めて寛大なるを要すべきものと思惟しております……」

と日支和平の大原則を述べ、

「今次事態はその出兵目的の本旨達成に遺憾なき限り、成るべく速く之を終結に導くべきものと存ぜられるのであります」

と早期解決を訴えましたが、会議の議案はそれを含んだものとされ、その見直しがなされることはありませんでした。

4　多田中将、声涙ともに下して交渉継続を主張

蔣介石側の回答は、１月13日にようやく到着しました。回答の口上書は最初に日本側の「改変された」４か条は範囲が広すぎるとして、次のように結ばれていました。

「ゆえに中国政府は慎重な検討と明確な決定を行うために、新たに提起された条件の性質と内容を確定されることを望む」とありました。

これをトラウトマン大使から受け取った広田外務大臣は、これは受諾する意思はなく、引き延ばし戦術であると断じ、閣議は中国側が受諾を拒否した場合は、蒋介石政府を相手とせずという御前会議での決定を確認して、15日の大本営政府連絡会議に臨みました。

しかし、おかしなことだと感じざるを得ません。少しくらい引き延ばされたからといって、こちらは何も困ることはありません。何しろ、実質、戦勝者の側です。また、少なくとも相手が拒否してこなかったということは、相手側が拒否に纏まっていたわけではないということも示しています。事実、汪兆銘派の人々などこの条件を受け入れようという人達がいたことは先に説明した通りです。大体、外交交渉で条件を出しておいて、それをすべて受け入れなければ交渉打ち切り、などということは拙劣外交もいいところですが、何かこの時の外交方針はそんな感じを受けます。

さて、大本営政府連絡会議は交渉打ち切りか、継続か、当初から全く対立して開始されました。

冒頭、政府側はこの回答は妥協の誠意なく引き伸ばし策に過ぎないと述べ、御前会議の決定通り、交渉の相手を蒋介石以外に求むべきを述べました。

これに対し陸軍参謀総長閑院宮元帥は、支那側は細目条件の提示を要求してきたのであるから、これを示し期限付き回答を求めてはどうかと述べました。

参謀次長多田駿《はやお》中将は、支那側の口上書には交渉打ち切りは明言されていない、この回答を以て脈なしとせず、脈のあるように図るべきであるし、駐日大使許世英が東京にいるのだから直接に交渉して真意を確かめるべきであると述べ、この回答のみで前途に解決の見込みないとして長期戦に移行するのはあまりにも危険であり、承服できないと強調しました。

多田駿中将

海軍側の軍令部総長伏見宮元帥、次長古賀峯一《みねいち》中将も陸軍参謀本部に同調する意見を述べました。

これに対し政府側は、外務大臣広田弘毅はもちろん、陸軍大臣杉山元大将も海軍大臣米内光政大将も交渉は最早、無用であると主張し続け、内閣と統帥部は鋭く対立のまま午前11時40分休憩に入りました。

会議は午後3時に再開されましたが、午後は皇族の故《ゆえ》を以て両総長は出席を遠慮し、両次長がこれを代行しました。午前の会議では二人の皇族が交渉継続を主張されたので多少遠慮がありましたが、午後、皇族不在となるや政府側の調子は激しくなりました（鈴木正男著『支那事変は日本の侵略戦争ではない』展転社、２００２年、132〜133ページ）。

鈴木氏は同書で、次のように政府側の主張の要点を紹介しています。

○杉山陸相「期限までに返電のないのは和平に誠意のない証拠である。蔣介石を相手にせず、彼が屈服するまで戦うべきである」
○広田外相「外交官生活の経験に照らし、支那側の応酬ぶりは和平解決の誠意なき事明瞭である。参謀次長は外務大臣を信用しないのか」
○近衛首相「速やかに和平交渉を打ち切り、我が態度を明らかにすべきである」
○米内海相「統帥部が外務大臣を信用しないのは政府不信任ということになる。内閣総辞職のほかない」

これに対して多田中将は一歩も引きませんでしたが、米内海軍大臣の、多田が頑張り続ければ内閣は総辞職するしかないとの一言はその心を深く刺したのでした。

この米内の言葉は、海軍の古賀軍令部次長が陸軍の多田参謀本部次長に同意の旨を述べた時に、米内はその発言を止めさせ、「かくなる上は、参謀本部が辞めるか、内閣が辞めるかどっちかだ」と強く述べたと伝えられています。

この言葉を聞き、多田は双眼に涙を浮かべ「明治大帝は朕《ちん》に辞職なしと宣《のたま》えり。国家重大の時期に政府の総辞職云々とは何事であるか」と訴えました。

しかし、政府側は譲らず、多田中将も譲らず、会議は再び休憩となりました。この休憩時間に、政府、軍、参謀本部関係者が相談し、多田中将は、政府と統帥部の対立を収めるために主張を保留したのでした。

5　「爾後、国民政府を対手とせず」政府声明

翌1月16日、近衛首相声明が発表されることになりました。この発表に先立ち、広田外相はドイツ大使ディルクセンの来訪を求め、このことを通告しました。大使は日本側から

交渉拒否を声明するのは日本の不利になると忠告しましたが、広田はこれを聞き流して、予定通りに発表しました。その重点は次のようなものでした。

「仍《よっ》て…帝国政府は、爾後《じご》、国民政府を対手《あいて》トセズ、帝国と真に提携するに足る新興支那政権の成立を期待し、これと両国糊口《ここう》を整理して、更生新支那の建設に協力せんとす」

この声明の発表により日本は川越茂大使を召還、宣戦布告こそしませんでしたが、日支国交はここに修復不可能となりました。宣戦布告を敢えて行わなかったのは、戦時国際法により、日本はアメリカより石油、屑鉄《くずてつ》などの戦略物資を輸入できなくなるからでした。しかし、このことはかえって中国には絶大な利益をもたらしました。アメリカ、イギリス、ソ連等はいわゆる援蒋《えんしょう》物資として戦車、飛行機をはじめとする軍事支援を行っても戦時国際法に触れることなく、平時と同じく堂々と行われることを意味していました。

よく、日中戦争の泥沼にはまった、という言い方がされますが、この相手とせず声明を出すまで、日中の戦争は6か月間ほどのことです。大きな犠牲を払った戦いでしたが、泥沼というほどのものではありませんでした。

この後、１年後には第二次近衛声明（11月）、第三次近衛声明（12月）など蔣介石政権に和平の呼びかけを行っていますが、それこそ戦線は拡大し、文字通りの泥沼に入っていきます。「対手トセズ」の近衛声明の罪は重大なものだったと言わなければなりません。

第7章 「拡大派」「不拡大派」問題

1 戦争を拡大したのは誰だったのか

前章に述べましたように、「蒋介石政権を対手トセズ」声明を決定的なきっかけに日中戦争は泥沼に入っていきました。この声明を出すに至る経過の説明でお分かりのように、通説となっている陸軍の強硬派が日中戦争を拡大していったというのは全く誤った見方であるということです。何しろ、交渉打ち切りに反対して何とか交渉を継続しようとして最後まで頑張っていたのは、統帥部、特に陸軍参謀本部だったのですから。

ここで、通説として語られている「拡大派」「不拡大派」とはどのようなもので、盧溝橋事件以降、戦いが拡大していったのは誰のせいだったのか、果たして「いわゆる拡大派」

が主導したものだったのかということについて振り返ってみたいと思います。

2　統制派？　皇道派？　一撃派？

まず確認しておかなければならないことは、盧溝橋事件の勃発を受けて、内閣そして陸軍が直ちに下した方針は「不拡大」「現地解決」であったということです。そして、この「方針」はその後も変えられることはありませんでした。にもかかわらず、「事件」が本格戦争へと拡大していったというのが日中戦争の実態でした。

ですから、基本的には「不拡大派」はいても「拡大派」はいなかったと言ってもよいわけです。あえていえば、「拡大派」と言われている人たちは、中国の反日主義的な横暴、不当な攻撃に対して一撃を加えてこれを抑える「一撃派」といったほうが適切です。対支開戦、領土拡大要求を唱える人などおりませんでした。

民間ではそういう主張をする人もおりました。特に対支強硬論を唱えていたのは、コミンテルンのスパイであることが後に判明して処刑された朝日新聞の記者出身の尾崎秀実《ほつみ》氏です。中国問題の第一人者として言論界をリードし、何と近衛内閣の嘱託として近衛首相に影響を与えていたことは見逃せません。要するに、日本と中国を戦わせることにより、ソ連の安全を図ると同時に疲弊した国民党政権を中国共産党が打倒するという戦略です。

逮捕され、第9回尋問調書の中で、そのことを堂々と述べています。

「私の言う『いわゆる東亜新社会秩序』というのは……日本国内の革命勢力が非常に弱い事実の中で、日本が斯《か》くの如き転換を遂げるためには、ソ連と資本主義機構を離脱した日本並びに中国共産党が完全にヘゲモニーを握った形の支那、この三者が緊密な提携を必要とし、この三民族の緊密な結合を中核としてまず東亜諸民族共同体の確立を目指すのであります」(『現代史資料、ゾルゲ事件2』みすず書房)。

ですから、「拡大派」とは本当は尾崎秀実氏を代表とする言論人だったというのが正確かもしれません。実際にどのようなことを言っていたのかを見ていただきましょう。

盧溝橋事件から1か月しかたっていない8月15日に脱稿した『中央公論』9月号の尾崎

論文「南京政府論」では、

「(国民政府は) 半植民地的・半封建的支那の支配層、国民ブルジョア政権」

「国民政府は労働者農民の政治勢力を根絶すべくあらゆる精根を傾け尽くした……」

「国民政府は党を以て国を治める建前を取っている。しかしながら国民党は事実かくの如き寡頭《かとう》的、血縁的・地縁的（ギルド的）支配の性質を呈している」

「南京政府の支配は一種の軍閥政治と見ることができる」

盧溝橋事件から2か月半後の9月23日に書いた『改造』臨時増刊号では過激な拡大論を主張しています。

「局地的解決も不拡大方針も全く意味をなさない」

「毒（武力のこと）をもって制するしかない……」

「日本の伸長せんとする力を阻止せんとするものに対しては、日本の本能はある場合は破壊力となって爆発する」

「一局部（盧溝橋）の衝突も全局（全中国）に拡大しなくてはならない必然性を有している」

「日支関係の破局（講和の道が全くないこと）は日本資本主義発展の特殊的事情に即然してこれに内在する」

こんな過激な論が、当時リベラルな色彩をもっていた一流のマスメディアに堂々と載っていたのです。尾崎氏がかなり率直にマルクス主義的分析を載せているのは、朝日新聞の記者であり、また中国問題の第一人者という自信があったからでしょう。

さて、通説派の代表というべき秦郁彦教授は『盧溝橋事件の研究』（東京大学出版会、1996年）で、当時の陸軍中枢の人物は○（拡大派）、×（不拡大派）、その他に分けられると述べています。左頁図表の通りです。

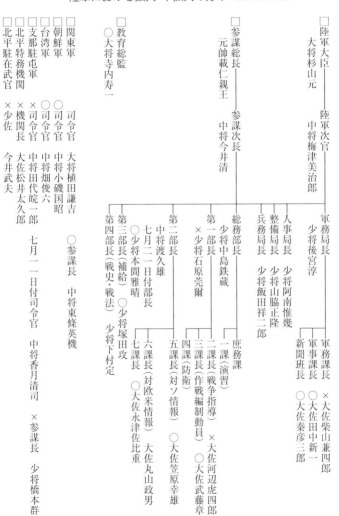

陸軍における拡大・不拡大の分布　無印は中間派

- □陸軍大臣　大将杉山元
  - 陸軍次官　中将梅津美治郎
    - 軍務局長　少将後宮淳
      - 軍務課長　×大佐柴山兼四郎
      - 軍事課長　○大佐田中新一
      - 新聞班長　○大佐秦彦三郎
    - 人事局長　少将阿南惟幾
    - 整備局長　少将山脇正隆
    - 兵務局長　少将飯田祥二郎
- □参謀総長　元帥載仁親王
  - 参謀次長　中将今井清
    - 総務部長　少将中島鉄蔵
      - 庶務課
      - 一課（演習）
    - 第一部長　×少将石原莞爾
      - 二課長（戦争指導）　×大佐河辺虎四郎
      - 三課長（作戦編制動員）　○大佐武藤章
      - 四課（防衛）
    - 第二部長　中将渡久雄　七月二一日付部長　○少将本間雅晴
      - 五課長（対ソ情報）　○大佐笠原幸雄
      - 六課長（対欧米情報）　大佐丸山政男
      - 七課長　○大佐永津佐比重
    - 第三部長（補給）　○少将塚田攻
    - 第四部長（戦史・戦法）　少将下村定
- □教育総監　○大将寺内寿一
- □関東軍　司令官　大将植田謙吉　○参謀長　中将東條英機
- □朝鮮軍　○司令官　中将小磯国昭
- □台湾軍　○司令官　中将畑俊六
- □支那駐屯軍　×司令官　中将田代皖一郎　七月一一日付司令官　中将香月清司　×参謀長　少将橋本群
- □北平特務機関　×機関長　大佐松井太久郎
- □北平駐在武官　×少佐　今井武夫

秦郁彦『盧溝橋事件の研究』（東京大学出版会、1996年）より作成厳密ではありませんが、統制派＝拡大派、皇道派＝不拡大派にほぼ該当するようです。後に触れますが、近衛文磨はそのように言っています。

しかし、事変当時、陸軍省軍務局軍事課長だった田中新一（大東亜戦争開戦時には参謀本部第1部長、作戦部長）（図表では○該当者となっています）は戦後、昭和31年『別冊知性』12月号（河出書房）に「日華事変拡大か不拡大か―真の拡大主義者はどこにいたのか」と題する一文でそれに疑問を投げかけています。この田中論文も参考にしながら、では実際はどうであったのか、盧溝橋事件以降、日本はどのように対処していったのかを具体的にたどってみましょう。

3　事件勃発後の第一分岐点――内地3個師団派遣声明

昭和12年（1937年）7月7日に事件勃発、翌8日に陸軍省、統帥部そして内閣の対応は「事変不拡大・兵力不行使」で、皇道派も統制派も拡大か不拡大かもありませんでした。しかし、閣議も事態を楽観していたわけではなく、居留民保護および現地軍の自衛ももちろん考慮しなければならないが、目下はそのために兵力の増派の必要性は認めないという見解でした。

しかし、10日になると現地29軍の敵対行動が止まらず、また支那中央軍北上の情報が伝わり、参謀本部は「北支居留民保護のため兵力増派を要す」という情勢判断をしました。つまり、不拡大派の中心者であった石原莞爾参謀本部第1部長が、内地3個師団の派遣を主張し、11日の閣議はこれを了承しました。さらに近衛首相はその日の夕刻に記者会見を開き、「今次事件を支那側の計画的武力抗日なることもはや疑問の余地なし」と強硬な声明を出しました。

声明では「我が方が和平解決の望みを捨てず」「局地解決に努力しているのに対し」、「29軍側は一旦和平的解決を承諾したるに拘わらず」「7月10日夜不法にも我を攻撃し」「我が方に相当に死傷者を生ずるに至らせ」、「しかも頻《しき》りに第一線の兵力を増加し」、「また中央軍に出動を命ずる等の武力的準備を進めたりしているのを見ると」、「今次事件は全く支那側の計画的武力抗日なることもはや疑いなし」と断じています。

この声明の波及効果は大きなものがありました。蒋介石政権は共産党などの要求で廬山《ろざん》で会議を開き、17日に廬山談話（いわゆる「最後の関頭《かんとう》」演説）を発表しました。「抗日全軍将兵に告ぐ」と題し、次のようなことが述べられています。

一、飽くまでも犠牲たるの決心を堅持すべし。
二、最後の勝利が我に帰することを信ずべし。
三、智能を活用して自ら抗戦すべし。
四、軍民一致団結して親愛誠実を致すべし。
五、陣地を堅持し進撃するとも退却すべからず。

実は、この日の夜、29軍（宋哲元軍）と支那駐屯軍との間で現地停戦協定が成立しまして、内地3個師団派遣は延期されたのでした。しかし、共産党は派遣声明を徹底的に活用して、抗日世論を盛り上げ、蒋介石にこのような廬山談話を出させるように持って行ったのでした。

この重要分岐点で実質的に拡大方向へ向かうことになったのは、決して陸軍内部の統制派や拡大派の画策によるものではなく、不拡大派の石原参謀第1部長が主導し、近衛首相が積極的にこの方針を実行したことに疑問の余地はありません。これが悪いということではありません。しかし、事実はかくの如きであったということを認識すべきです。

ところが、その日の夜、29軍（宋哲元軍）との間に現地停戦協定が結ばれたのでした。そこで、内地3個師団の派兵は延期されることになりました。

4 内地3個師団の動員閣議決定 ——6万の増派

停戦協定が結ばれたにもかかわらず中国側は、たびたび停戦協定違反を行い、特に7月25日の廊坊事件、26日の広安門事件という大事件が起こったことは、第1章で詳しく説明した通りです。これはコミンテルン指令「あくまで局地的解決を避け、日中全面戦争に導かなければならない」に基づき、29軍に潜入した共産分子が主導して起こしたものでしょう。

これを見て不拡大派の石原も「もう内地師団を動員する他ない。遅延は一切の破滅だ！」

と叫び、内地3個師団動員を主張し、閣議は居留民保護のためにこれを了承しました。しかし、あくまで不拡大方針は堅持していたのです。それでも、それまでは北京議定書に基づき、5600人の部隊が居留民保護のために中国に駐屯していたのに過ぎなかったのですが、この閣議決定により3個師団（約6万）の軍が中国に入ることになったのですから、大きな転換点となったわけです。

考えてみれば分かることですが、こうした事態になったのは、統制派とか拡大派とかいう悪者のせいでは全くなく、「相手側」すなわち中国側が起こした停戦協定違反の攻撃だったのです。こんな単純な事実から目をそらして、日本（軍）の中に犯人を見つけようという考え方はよほど狂っているのではないでしょうか。

5　上海事変 ——本格戦争への突入

7月29日には、通州に於いて保安隊が反乱を起こし、日本人居留民225人を虐殺するという大事件が起こったことは第2章で詳述しました。国民の間に「暴支膺懲《ようちょう》」の声が沸き上がるなか、日本政府は8月4日、画期的な和平案（船津和平案）を作成しました。ところが、最初の交渉が行われた8月9日、上海で海軍陸戦隊の大山勇夫中尉と斎藤與蔵1等水兵が惨殺されるという事件が起こりました。明らかに、和平をつぶそうという勢力の仕業です。さらに、その4日後の8月13日には、上海の非武装地帯に不法に侵入していた約3万の中国軍精鋭部隊が、４５００人の海軍陸戦隊に全面攻撃を仕掛けてきたのでした。

海軍はそれ以前から、陸軍部隊の派遣を要請していたのでしたが、不拡大派の石原第1部長は慎重な姿勢でした。しかし、この事態に13日の閣議で、上海居留民保護のため海軍は正式に陸軍部隊の動員を要請しました。すなわち、この本格戦争への決定的な転換点で陸軍部隊の派遣を要請したのは海軍であり、陸軍の拡大派などでは全くなかったということです。

海軍大臣米内光政は、閣内にあって不拡大派の旗頭の一人でしたが、14日に第3艦隊旗艦『出雲』が中国空軍によって爆撃を受けたとの報を聞いてその態度を一変させたのでした。同日夜の閣議においては「感情に走った」とみられるほどの怒りを表し、首都南京占領という強硬発言に及び、海軍として次の声明を発表したのでした。

「本14日午前10時頃、支那飛行機十数機は、我が艦船陸戦隊本部及総領事館等に対し爆撃を加ふるの不法を敢えてし、暴戻《ぼうれい》言語に絶す。帝国海軍は今日まで隠忍に隠忍を重ね来たりしが今や必要にして且有効なる有らゆる手段を取らざるべからざるに至れるは、従来の念願に鑑み甚だ遺憾とする所なるも亦《また》已《や》むを得ざる次第なり」

この声明がおかしいとか間違っているとかいうのではありません。もしここで陸軍2個師団の派遣が行われていなかったら、通州大虐殺に続く「上海大虐殺」が起こった可能性が高いことは第3章で述べた通りです。本格戦争への決定的な主導因となったのは、上海戦であり、中国政府はこの翌日15日に全国総動員令を発動して、大本営を設置しています。石原参謀本部第1部長は、不拡大方針のため本来3個師団、あるいは5個師団の派遣が必要とされていたものを値切って2個師団派遣となったのですが、これがすでに述べましたように日本軍が上海で大苦戦をすることになった、大きな原因となりました。

こうした経緯をみていますと、アメリカの民主党のことが頭に思い浮かびます。民主党はリベラルで平和主義的な傾向がありますが、しかし、近代になってアメリカが戦争を行ったのはほとんど民主党政権下であるということがよく言われます。敵に対する融和的な態度が敵をつけあがらせ、結局はこれに対して強硬策に出ざるを得なくなり、戦争となるという道筋です。不拡大を唱える人たちは民主党的な罠にはまってしまったのではないかと思うわけです。

いずれにしても本格戦争への突入である陸軍２個師団の派遣決定は、陸軍統制派、拡大派の主導で行われたのでは全くないということです。海軍の強い要請に基づいた決断でした。要するに、ここでもいえることですが、事変が拡大していったのは明らかに相手側である「中国」が主導したものである、中国が原因であるという明白な事実です。

6　南京を攻略すべきか否か

拡大の次のメルクマール（指標）となったのは南京戦でした。もともと、上海戦は居留民保護を目的として派兵したのですが、これが本格戦争になり、70万の中国軍が投入されてきました。上海戦の目的は敵主力の撃滅が目的の戦いに転換しました。そしてようやく上海戦勝利の目途が立ったのは11月4日、日本の第10軍が杭州湾北岸に上陸し、9日には上海の中国軍が一斉に退去をはじめてからでした。

ここで、みすみす敵を逃がすのか、撃滅するのかという、もともとはない課題に直面しました。もともと、米内海軍大臣のように南京攻略を唱える者はおりませんで、陸軍の強硬派といえどもそんなことは言っていませんでした。しかし、敵は戦力を温存したまま撤退するのをどうするかという課題に対して、現地軍から追撃要請が強く出され、遂に南京攻略が決定したことは第4章で説明いたしました。

ここでも、特に拡大派が南京攻略を主導したわけではありませんでした。何しろ不拡大派の旗頭の米内海軍大臣が真っ先に南京攻略を主張していたのですから。

7　蒋介石政権「対手トセズ」声明

最後に講和をめぐってついに決定的に泥沼へと向かう決断がいわゆる「蒋介石政権を対

手トセズ」声明によって下されることになったわけです。前章で、このことについては詳しく述べましたが、ここでいくつか捕足したいと思います。

この決定が、陸軍の強硬派の圧力でなされたなどというのは話にもならない大ウソであることは既に明らかにしました。何とか、交渉継続に持って行こうと頑張ったのは多田次長を中心とする陸軍参謀本部でした。確かに陸軍も杉山陸相は内閣の方針通り、交渉打ち切り派でした。しかし、杉山が打ち切り派のリーダーだったわけではありません。打ち切り派のリーダーは、むしろ広田外相でした。何しろ打ち切りの提案は彼が打ち出したものでした。そして、最も強硬に打ち切りを主張したのが、何と不拡大派の旗頭であった米内海相でした。近衛首相は、広田外相と同じ考えだったようで、それに全く異論を唱えていませんし、御前会議に対する工作などを見ても打ち切り派の中心者でした。

いったいこれら内閣の閣僚はどのような考えで、交渉打ち切り確信犯となったのか、全く不可解なことです。鈴木正男氏は『支那事変は日本の侵略戦争ではない』のなかで、この件に関して、元老西園寺公望《きんもち》の秘書原田熊雄《くまお》の日記の昭和13年1月の記述を引用しています。(『西園寺公と政局』岩波書店、1950年)。木戸幸一内大臣が当時参謀本部戦争指導班の秩父宮殿下に対して交渉打ち切りの理由説明を行っているものです。

「その時殿下のお話の中に、今度の戦争は、日清日露の戦争と違って、国民を対手《あいて》にするんでなくって、要するに蒋政権を対手にするんだ。だから、大乗的見地から一切の今までの相剋を清算して手を握れば、握れるじゃないかというようなことがあったけれど、自分は、今度の戦争は、日清日露の戦争とは違うにしましても、とにかく日本の軍が七八十万の支那軍を殺しておきながら、いまさら開き直って手を握ろうと言ったって、心から握れるもんではありません。いったい日本は敗戦国でしょうか、戦勝国でしょうか。戦勝国の方からぜひ一つ平和を急いでしたい、と言っていろんな条件を出す、即ち自分のはらわたを見せておいて、向こうが応じない場合はどうなるんでしょうか。逆に、日本の内情はかくの如く困っている、かくの如き条件で和平を望んできている、と言って内外に宣伝され、日本のために非常に不利な結果に陥ったならば、例えば為替の暴落とか……、国債の暴落とか、経済、財政に不信用を招き、いよいよこれから続いてやろうとしても、ものは買えないし物価は上がるし、所謂《いわゆる》内政撹乱をやられる恐れがあります。和平を講ずるにしても、むろん外交は必要でありますけれども、よほどよく後の始末を手堅くして出ないと、今日参謀本部が望むようなやり方では、国家のために甚だ慙愧《ざんき》に堪えません」

これを読んで、はっきりいって私はあまりにもお粗末な認識に呆れました。これが、実力者の一人木戸幸一内大臣の考えだということは、他の広田にしても、また近衛にしても似たり寄ったりの考えであったということでしょう。大体、なんですか、「日本軍が七、八十万の支那軍を殺しておきながら」とは！ 仕掛けてきたのは中国側ですよ。それに、上海の戦いでは、相手は七、八十万動員してきましたが、そのうち殲滅したのは30万前後です。敵の宣伝をうのみにしたような認識ではないですか。まるで、戦後よく聞く謝罪論と同じような認識を持っていたのかと、何かまるで悪いことをしてきたような認識ではないですか。ことを起こしたのは中国側であり、日本はその反撃を行ったのだという根本認識にまず欠けているのではないですか。

また、いったい日本は敗戦国でしょうか、戦勝国でしょうか。戦勝国のほうからぜひ一つ平和を急いでしたいと言っていろんな条件を出す、などと見当はずれなことを言っています。戦勝国だからこそ、条件も出せるわけで、何も腹の内を見透かされて困ることなんかないじゃありませんか。知られて困ることなどありはしないのに何をびくびくして、内情を内外に宣伝されたら困るなどと言ってるのですか。まるで子供の喧嘩、突っ張り合いをしているような極めてレベルの低い戦争観、和平交渉観です。どうもこれが国民一般の戦争観に近いもので、そのため「勝っているのだから」賠償要求をすべきだという輿論《よろん》に迎合したのでしょう。

話は全く逆でして、日本は実質戦勝国だからこそ条件を出し、余裕をもって相手の面子を立てながら、日本が目的とする状態を作り出すことができるのではないでしょうか。これが外交の原則、常識ではないですか。

いつの間にか戦争目的というものを忘れてしまい、子供の喧嘩のように面子を競い、勝ち負けを争う考え方に陥ってしまっているではありませんか。参謀本部の次の考え方のほうが本来、日本が持つべき方針であり、戦争目的にかない、はるかに高いレベルの思想でした。

「外務省の交渉は戦勝に便乗した折衝にて、日支提携の根本理念を除外している。戦局の進展とともにこの理念を忘れつつあり、それを以て講和を結ばんとしている」

　これまで述べてきた通り、日本は何も好き好んでこの戦いを始めたわけではなく、中国側から仕掛けられた戦いに反撃してきた結果、拡大した戦争になりましたが、戦争目的は日支提携という根本理念にありました。それを全く忘れ果てて、「いまさら開き直って手を握ろうと言ったって、心から握れるものではありません」とは何事でしょうか。

　また、現実の問題としても、中国は講和条件を拒否してきていないということは、受け入れる余地ありということを意味します。この約半年後の５月26日に外務大臣が宇垣一成《かずしげ》に代わります。和平工作を開始しますが、蔣介石直系の張群から接触があり、交渉が進展していきます。中国側の相手は孔祥熙行政院長ということになり、６月26日には香港で孔祥熙の秘書長が出てきて予備会談が行われました。これは纏まりかけました。賠償を除いては、ほとんど条件は受け入れられました。しかし、宇垣外相がほかの理由で外相を辞任してしまい、実現しませんでした。しかし、中国側は真剣に和平を求めていた証拠です。どうして、「いまさら開き直って手を握ろうと言ったって、心から握れるもんではありません」などと決めつけるのか、そのお粗末な見通しには呆れます。

さらに、内外に宣伝されたと言いますが、ドイツが仲介しているわけですし、ドイツ軍事顧問ファルケンハウゼン将軍も勝つ見込みがないのだからと蒋介石に受け入れを助言しているくらいですから、「交渉→妥結」の可能性がないわけでは全くありません。

もう一つ考えておくべきことは、コミンテルンのスパイ尾崎秀実の果たした役割です。日中を戦わせることを目的に、対中強硬論、暴支膺懲論を主張して言論界をリードし、近衛内閣の嘱託まで務めていたことはすでに説明しました。従って、かなり影響を与えたことは疑いありません。しかし、だからといって「蒋介石政権対手トセズ」声明が、尾崎の助言が決定的な役割を果たしたのかというと、それは非常に疑問です。

なぜかというと、そもそもこの方針は広田外相が提起したものであり、近衛ばかりでなく、陸相、海相、内大臣もみな賛成していました。そして、先ほど紹介しました木戸内大臣の考え方を見ると、尾崎云々よりもはるかにレベルの低い当時の国民世論レベルの考え方でみな賛成していたのだということが分かりましたので、尾崎の影響をあまり強調するのは誤りであると私は結論する次第です。

また、昭和12年12月から13年3月まで尾崎は、社命で上海出張を命ぜられており、東京にはいなかったことも考慮に入れるべきことでしょう。

8 「近衛上奏文」の誤り

近衛公の手記には、「当時の陸軍の首脳が統制派でなく、荒木（貞夫）、真崎（甚三郎）など皇道派が表面に出ていたら、事変は或《あるい》は起こらずに済んだかもしれない」と書かれています。さらに有名な「近衛上奏文」（注５）では「抑々《そもそも》満洲事変・支那事変を起こし、之を拡大し、遂に大東亜戦争に迄導き来れるは、是等軍部内一味の意識的計画なりしこと今や明瞭なりと存候《ぞんじそうろう》」とまで書いています。

（注5）昭和20年（１９４５年）１月６日、アメリカ軍がフィリピン・ルソン島上陸の準備をし

ているとの報を受け、昭和天皇は内大臣木戸幸一に重臣の意見を聞くことを求めた。木戸は陸海総長と閣僚の招集を勧め、また近衛も木戸に斡旋を求めていた。木戸と宮内大臣の松平恒雄が協議し、重臣らが個々に拝謁することになった。7人の重臣が天皇に意見を述べているが、2月14日に近衛は書き上げた「上奏文」を奉呈した。

こんな事実とは全くかけ離れた誤った認識を近衛首相がしていて、「相手トセズ」という決定的に重要な政策決定を主導していたということは、まさに大問題です。さらに問題なのは、こんな間違った考え方が、世の主流とし受け入れられているという現状です。

要するに日中戦争が起こり、拡大したのは陸軍の統制派という「拡大主義」を唱え、良識派を抑え暴走したからだということになります。

しかし、実体は全く逆で、むしろ実際に拡大してきたのは、近衛も含む「不拡大派」であり、そうなっていった根本理由は中国側の度重なる反日攻撃にあったのであることはこれまでの説明で明らかにしてきた通りです。

そして、和平実現への道が開けそうな決定的な場面で、近衛首相は陸軍参謀本部の和平交渉継続の主張を抑えて「相手トセズ」という致命的な過ちを犯したというのが事の真相です。

9　結論：日中戦争を拡大したのは中国であった

しかし、ここでも中国側の対応に大きな問題がありました。トラウトマンが仲介する日本側の和平案に基づく和平交渉を行うという決定をせず、蔣介石自身は面子の問題もあってか、和平交渉賛成派を罷免したうえで自らは行政院長を辞任し、孔祥熙副院長に院長を譲ります。孔祥熙は日本に対して全面拒否はせず、日本側の４か条は範囲が広すぎるとして、「故に中国政府は慎重な検討と明確な決定を行うために、新たに提起された条件の性質と内容を確定されることを望む」という引き伸ばし策ともみられる回答をしてきました。これに日本側が不審の念を抱いてしまったわけです。

さて、12月21日の閣議決定に基づき、ドイツ大使に日本の条件を12月22日に伝えましたが、もう一度それを確認してみます。次の通りです。

1、支那は容共抗日満政策を放棄し日満両国の防共政策に協力すること。
2、所要地域に非武装地帯を設け且該各地方に特殊機構を設置すること。
3、日満支三国間に密接なる経済協定を締結すること。
4、支那は帝国に対し所要の賠償をなすこと。
(口頭説明)
1、支那は防共の誠意を実行に示すこと。
2、3、〈略〉
4、蔣介石が只今内示の原則承認の意を表明したる上は、ドイツ側に於いて日支双方に対して停戦の慫慂《しょうよう》にあらずして、日支直接交渉方慫慂をなさるるよう致したく。
5、ドイツ大使の質問応じ只今内示の原則を一層具体化せる条件として我が方に於いて考慮し居る所をご参考までに申し上げれば別紙の通りなり。(極秘として)
(別紙)
日支講和交渉条件細目
1、支那は満洲国を正式に承認すること。

2、支那は排日及び反満政策を放棄すること。
3、北支及び内蒙古に非武装地帯を設定すること。
4、北支は支那主権の下に於いて、日満支三国の共存共栄を実現するに適当なる機構を設定之に広範なる権限を付与し、特に日満支経済合作の実を挙ぐること。
（付記）
1、北支、内蒙及び中支の一定の地域に保障の目的を以て必要なる期間日本軍の駐屯を為すこと。
2、前諸項に関する日支間の協定成立後休戦協定を開始す。
支那政府が前記各項の約定を誠意を以て実行し日支両国提携共助の我が方理想に真に協力し来るにおいては、帝国は単に右約定中の保障的条項を解消するのみならず進んで支那の復興及びその国家的発展、国民的要望に衷心協力するの用意あることをここに闡明《せんめい》す。

中国にとってこの条件が到底飲めないものなのでしょうか？　前にも触れましたが、日本は中国に対して一片の領土要求もしておりません。これまでの紛争地で、事情がある所について、非武装地帯、特殊機構を設ける提案をしていますが、全て「支那主権の下に於いて」となっております。「一定の地域に保障の目的を以て必要なる期間日本軍の駐屯をなす」というのも、もともとの紛争地なのですから、当然のことではないかと思います。しかも、「条件が整えば保障的条項を解消する」と言っております。それだけでなく、「中国の復興及びその国家的発展、国民的要望に衷心協力するの用意ある」とまで述べているのです。

賠償については、前にも書きましたが、これは出すべきではなかったと思います。あれだけの犠牲を払ったのだから、という国民世論に押されてこれを入れたのでしょうが、これは大失態と思います。事実、後の宇垣外相下の交渉では、孔祥熙側はこれを除いてはほぼ日本の要求を呑んでいます。

しかし、ここで考えておくべきことは共産党のことです。右記の条件を絶対に呑めないのが中国共産党であることは明白です。何しろ、「日満両国の防共政策に協力し」「支那は防共の誠意を実行に示すこと」が謳われているのですから。蔣介石が責任逃れの辞任をしたのも、共産党を抑えきれないということが最も大きな理由であったのではないかと思います。ほかの点では、蒋介石にとって根本的に不利なことなど条件にないからです。結局、蒋介石は共産党に敗北して台湾に追いやられることになりましたが、ここで踏ん張って日本と組む選択をしていたらそのようなことにはならなかったでしょう。

これまで見てきましたように、盧溝橋事件から始まり、現地停戦協定違反、通州大虐殺、大山海軍中尉殺害事件（船津和平案に基づく和平交渉の初日に発生）、上海の海軍陸戦隊への全面攻撃、等々、戦争拡大の原因を作ったのは日本軍（の拡大派）などではなく、間違いなく中国側だったのです。その主役は中国共産党でした。

日中戦争の真犯人は「中国」（中国共産党と蒋介石政権）であるというのが、歴史の事実がはっきりと示すところです。

中国に贖罪意識を持つ必要はない

村上春樹というノーベル賞候補と目されている著名な作家がいます。もうだいぶ前になりますが、平成27年4月17日に共同通信のインタビューに答えて、中国との過去の戦争についてのいわゆる謝罪問題について、次のように言っています。

「相手国が『すっきりしたわけじゃないけれど、それだけ謝ってくれたから、わかりました、もういいでしょう』というまで謝るしかないんじゃないかな」

これは、いわゆる良心的な進歩派知識人（！）の代表的な中国観ではないかと思います。

ここまで極端ではなくてもかなり大多数の人たちが似たような考えを持っているかもしれません。こんな考えを持っていると、中国、中国人との交渉事でまともな主張をすることはとてもできないでしょう。特に政治家がそうですが、それに限らず、経済人、文化人でもいわば「劣位戦」を戦わざるを得ないことになるでしょう。

2010年9月7日、尖閣海域で巡視船『みずき』に、違法操業をしていた中国漁船が体当たりをしてきた時に、海上保安庁は船長を公務執行妨害で逮捕し、石垣島へ連行しました。船長は那覇地方検察庁石垣支部に送検されました。当然のことながら政府は国内法に基づき起訴する司法手続きの方針を固め拘留を延長しました。しかし、中国側の圧力が激しくなると、那覇地検は船長を処分保留で釈放すると発表しました。本決定を仙石由人官房長官が容認して、船長は釈放されたという事件がありました。この「違法」な決定について、仙石は「中国には借りがあるから」と言っていました。別に、「賄賂」の借りがあったのではなく、過去の侵略に対する贖罪意識があったということです。

この贖罪意識は中国にとってはこれほどありがたいことはありません。何しろ、賄賂を使わないでも自主的に中国に尽くしてくれるからです。南京大虐殺記念館が南京にありますが、あれはもともと中国政府の発案でつくられたものではありません。社会党の当時委員長であった田辺誠が訪中した折に南京に行き、南京虐殺記念館設立を提案し、その後、総評（日本労働組合総評議会）の事務局長であった富塚三夫が中心になって資金集めをしてできたものです。

では、こんな贖罪意識は良心的なことなのでしょうか？　日本は本当に中国を侵略し、暴虐の限りを尽くしたのでしょうか？

事実は全く逆で、戦争を仕掛け、そして拡大させていったのは中国、特に毛沢東の共産党であったことを本書で実証いたしました。良心的と錯覚している人たちは、無知、おめでたい、きれいごと人間に過ぎないということがお分かりいただけたのではないかと思います。しかし、きれいごと人間などと言っているだけでは済みません。こんな大ウソを信じ込んでいるがために、中国の理不尽な主張、要求に屈してしまい、とんでもない大被害を被ります。それだけではなく、日本人の誇りも傷つけられてしまいます。

毛沢東は日本の政治家が戦争謝罪をするとよく、「いや謝ることなどありませんよ。日本軍国主義のおかげで我々は政権を取ることができました」と答えていたようです。これは半ば逆説、すなわち「日本軍国主義」という反面教師のおかげ、ということですが、実は半ばというより本当にそう思っていたと見ることができるのです。

毛沢東

毛沢東はこういう指示を出しています。

日中の戦いは、我が党の発展にとって絶好の機会である。我々の決定した政策の70％は、自らの勢力を発展させることであり、20％は妥協すること、10％は日本と戦うことである。

それどころか、毛沢東は日本軍と秘密の協力関係を築き、蒋介石軍の動き、作戦情報を日本側に流し、日本軍の蒋介石軍攻撃を助け、その代わりに共産軍の日本軍攻撃を停止、縮小するという取引をかなり大規模に行っていたのです。

謝幼田著『抗日戦争中、中国共産党は何をしていたか』（坂井臣之助訳、草思社）や遠藤誉著『毛沢東―日本軍と共謀した男』（新潮社）ではかなり詳しくその事実を調べております。今回の本でこのことも取り上げようかと思ったのですが、主題が分散するし、さらに情報を集める必要もありましたので、取りやめました。

しかし、はっきりしていることは、中国共産党は対日戦ではこれといった戦果をあげてはいないということです。対日戦で戦果らしい戦果といえば、林彪《りんぴょう》の「平型関の戦い」と「百団大戦」くらいです。平型関では敵軍1万と対戦し1000人を殲滅などと大ぼらを吹いていますが、実際には谷あいで防備のほとんどない輜重《しちょう》部隊を襲い、100名ほどを殲滅したに過ぎませんでした。百団大戦はかなり大規模に2か月にわたり行われた攻撃で、日本軍は270名ほどの戦死者と鉄道の被害を受けています。しかし、この作戦は中央の許可を受けていたのにもかかわらず、後に指揮をした彭徳懐国防相が毛沢東の「10%の指針」に反したと批判され失脚させられています。

こんな状況ですので、共産党が日中戦争に勝利したとする公式見解は全くの虚偽であることは確かです。

いずれにしても、日中戦争は盧溝橋事件から始まり、中国共産党の謀略により本格戦争に拡大し、ほとんどは蔣介石軍が戦い、共産党の思惑通り疲弊し、結局、蔣介石軍は敗れたのであって、共産党が日本軍を破ったわけではありません。日本は何も中国に、特に共産中国に贖罪意識を持ついわれはありません。

以上

参考文献

『朝日が明かす中国の嘘』（田中正明）（高木書房、２００３年）
『暗黒大陸　中国の真実』（ラルフ・タウンゼント、田中秀雄・先田賢紀智訳）（芙蓉書房出版、２００４年）
『石射猪太郎日記』（石射猪太郎）（中央公論、１９９３年）
『一次史料が明かす南京事件の真実―アメリカ宣教師史観の呪縛を解く』（池田悠）（展転社、２０２０年）
『陰謀・暗殺・軍刀―外交官の回想』（森島守人）（岩波新書、１９５０年）
『裏切られた自由』（Freedom Betrayed）（ハーバード・フーバー）（日本語訳版：草思社、２０１７年）
『英霊にこたえる会たより第40号』（平成17年3月19日）（「欠落している昭和の戦史の検証」倉林和男）
『決定版　南京戦史資料集』（偕行社、２０２１年）
『決定版　日中戦争』（波多野澄雄、戸部良一、松元崇、庄司潤一郎、川島真）（新潮新書、２０１８年）
『抗日戦争中、中国共産党は何をしていたのか』（謝幼田、坂井臣之助訳）（草思社、２００６年）
『近衛文麿―野望と挫折』（林千勝）（ＷＡＣ）（２０１７年）
『再現　南京戦』（東中野修道）（草思社）（２００７年）
『ザ・レイプ・オブ・南京の研究―中国における「情報戦」の手口と戦略』（藤岡信勝・東中野修道）（祥伝社、１９９９年）
『仕組まれた〝南京大虐殺〟』（大井満）（展転社、１９９５年）
『支那事変―その秘められた史実』（山岡貞次郎）（原書房、１９７５年）
『支那事変は日本の侵略戦争ではない』（鈴木正男）（展転社、２００２年）

『シナ大陸の真相1931〜1938』（カール・カワカミ、福井雄三訳）（展転社、2001年）
『蒋介石神話の嘘―中国と台湾を支配した独裁者の虚像と実像』（黄文雄）（明成社、2008年）
『真相・南京事件―ラーベ日記を検証して』（畝本正巳）（文教出版、1998年）
『新資料　盧溝橋事件』葛西純一編・訳）（成祥出版社、1975年）
『新聞が伝えた通州事件　1937-1945』（藤岡信勝・三浦小太郎・但馬オサム・石原隆夫―編）（集広舎、2022年）
『新「南京大虐殺」のまぼろし』（鈴木明）（飛鳥新社、1999年）
『戦史叢書86　支那事変陸軍作戦〈1〉』（防衛庁防衛研修所戦史室）（1975年）
『戦争を仕掛けた中国になぜ謝らなければならないのだ！』（茂木弘道）（自由社、2015年）
『曾虚白自伝』（曾虚白）（連経出版事業公司：台北、1988年）
『太平洋戦争への道　新装版』　第4巻　日中戦争〈下〉（日本国際政治学会）（朝日新聞出版、1987年）
『大東亜戦争への道』（中村粲）（展転社、1990年）
『大東亜戦争―日本は「勝利の方程式」を持っていた』（茂木弘道、ハート出版）
『多田駿伝―「日中和平」を模索し続けた陸軍大将の無念』（岩井秀一郎）（小学館、2017年）
『中共雑記』（Random Notes on Red China）（エドガー・スノー、小野田耕三郎・都留信夫訳）（未来社、1964年）
『中国共産党の罠』（田中秀雄）（徳間書店、2018年）
『中国が葬った歴史の新・真実』（黄文雄）（青春出版社、2003年）
『中国こそ逆に日本に謝罪すべき9つの理由』（黄文雄）（青春出版社、2004年）
『中国の赤い星』（Red Star Over China）（エドガー・スノー、1937年）（松岡洋子訳、筑摩書房、1995年）
『中国の旅』（本多勝一）（朝日新聞出版、1972年）
『中国の嘘―恐るべきメディア・コントロールの実態』（何清漣、中川友訳）（扶桑社、2005年）

『中国の戦争宣伝の内幕』（フレデリック・ヴィンセント・ウィリアムズ著、田中秀雄訳）（芙蓉書房出版、２００９年）
『中国の日本軍』（本多勝一）（創樹社、１９７２年）
『南京事件論争史』（笠原十九司）（平凡社、２００７年）
『「南京事件」日本人48人の証言』（阿羅健一）（小学館、２００１年）
『南京戦史』（偕行社、１９８９年）
『南京事件の総括―虐殺否定十五の論拠』（田中正明）（謙光社、１９８７年）
『通州事件　日本人はなぜ虐殺されたのか』（藤岡信勝・三浦小太郎編著）（勉誠出版、２０１７年）
『通州事件―目撃者の証言』（藤岡信勝編）（自由社、２０１６年）
『慟哭の通州―昭和十二年夏の虐殺事件』（加藤康男）（飛鳥新社、２０１６年）
『南京事件―国民党極秘文書から読み解く』（東中野修道）（草思社、２００６年）
『「南京安全地帯の記録」完訳と研究』（冨澤繁信訳）（展転社、２００４年）
『南京虐殺の徹底検証』（東中野修道）（展転社、１９９８年）
『「南京事件」の探求―その実像をもとめて』（北村稔）（文藝春秋、２００１年）
『南京事件の日々』（ミニー・ヴォートリン）（笠原十九司解説、岡田良之助、井原陽子訳、大月書店、１９９９年）
『南京事件―「証拠写真」を検証する』（東中野修道、小林進、福永慎次郎著）（草思社、２００５年）
『南京事件はなかった―目覚めよ外務省！』（阿羅健一）（展転社、２０２２年）
『南京大虐殺のまぼろし』（鈴木明）（文藝春秋、１９７３年）
『「南京大虐殺」はこうして作られた』（冨士信夫）（展転社、１９９５年）
『南京「虐殺」研究の最前線』（東中野修道編著）（日本「南京」学会年報、２００２年～２００８年）
『南京「百人斬り競争」虚構の証明』（野田毅著・溝口郁夫編）（朱鳥社、２０１１年）

『南京「百人斬り競争」の真実』（東中野修道）（ＷＡＣ、２００７年）
『「南京事件」発展史』（冨澤繁信）（展転社、２００７年）
『南京事件の核心―データベースによる事件の解明』（冨澤繁信）（展転社、２００３年）
『南京で本当は何が起こったのか』（阿羅健一）（徳間書店、２００７年）
『南京「大虐殺」被害証言の検証―技術屋が明かした虚構の構造』（川野元雄、展転社、２０１２年）
『南京大虐殺の証明』（洞富雄）（朝日新聞出版、１９８６年）
『南京の日本軍―南京大虐殺とその背景』（藤原彰）（大月書店、１９９７年）
『南京の真実』（ジョン・ラーベ、平野卿子訳）（講談社、１９９７年）
『南京事件』（笠原十九司）（岩波書店、１９９７年）
『日中戦争史』（秦郁彦）（河出書房新社、１９６１年）
『日本はいかにして中国との戦争に引きずり込まれたか』（田中秀雄）（草思社、２０１４年）
『日本の戦争犯罪に加担しているアメリカ』（「日本の侵略に加担しないアメリカ」（名誉会長：ヘンリー・スティムソン）（１９３８年）
『日中戦争』第１冊「一、日本の対処方針　３．トラウトマン工作と「対手トセズ」声明の発出（外務省編纂）（六一書房、２０１１年）
『日中戦争　戦争を望んだ中国　望まなかった日本』（北村稔・林思雲）（ＰＨＰ研究所、２００８年）
『日中戦争はドイツが仕組んだ』（阿羅健一）（小学館、２００８年）
『日中戦争裏方記』（岡田酉次）（東洋経済新報社、１９７４年）
『日中和平工作秘史―繆斌工作は真実だった』（太田茂）（芙蓉書房出版、２０２２年）
『日本がつくったアジアの歴史―７つの視点』（黄文雄・池田憲彦）（総合法令出版、１９９８年）
『日中戦争　知られざる真実―中国人はなぜ自力で内戦を収拾できなかったのか』（黄文雄）（光文社、２００２年）
『「日中戦争」は侵略戦争ではなかった』（黄文雄）（ＷＡＣ、２０１１年）

『百年の遺産　新装改訂版』（岡崎久彦）（海竜社、２０１１年）
『別冊知性』昭和31年12月号）「日華事変拡大か不拡大か―真の拡大主義者はどこにいたのか」（田中新一）（河出書房、１９５６年）
『本当は正しかった日本の戦争』（黄文雄）（徳間書店、２０１４年）
『マオ』（ユン・チアン、ジョン・ハリディ、土屋京子訳）（講談社、２００５年）
『満州国の遺産―歪められた日本近代史の精神』（黄文雄）（光文社、２００１年）
『満州国は日本の植民地ではなかった』（黄文雄）（ＷＡＣ、２００５年）
『三宅坂―軍閥は如何にして生まれたか』（松村秀逸）東光書房、１９５２年）
『毛沢東』（遠藤誉）（新潮社、２０１５年）
『盧溝橋事件の研究』（秦郁彦）（東京大学出版会、１９９６年）
『盧溝橋事件―日本の悲劇』（寺平忠輔著）（読売新聞社、１９７０年）

American's Share in Japan's War Gwuilt, American Committee for Non-Participation in Japanese Agrression（1938）
DoD News: Secretary Rumsfeld and Gen. Myers, United States Department of Defense News Transcript, January 11, 2001.
Documents of the Nanking Safety Zone, edited by Shusi Hsu, PH.D., Kelly & Walsh, Limited, Shanghai, 1939.
Eyewitnesses to Massacre, edited by Zhang Kaiyuan, M.E. Sharpe, NY, 1984.
THE LOWDOWN, January, 1939, New York.
What War Means: Japanese Terror in China, Harold Timperley, V. Gollanczs, Ltd., London, 1938.
The Rape of Nanhing: The Forgotte Holocaustn of World War2, Basic Books, 1997.
What Really Happened in Nanking, by Tanaka Masaki, Translated by Sekai Shuppan, Sekai Shuppan Inc., Tokyo 2000.

茂木弘道（もてき・ひろみち）

昭和16年、東京都生まれ。

東京大学経済学部卒業後、富士電機、国際羊毛事務局を経て、平成２年に世界出版を設立。

「史実を世界に発信する会」会長、「新しい歴史教科書をつくる会」副会長、「南京事件の真実を検証する会」監事。

著書に『小学校に英語は必要ない。』（講談社）、『文科省が英語を壊す』（中央公論新社）、『日本は「勝利の方程式」を持っていた！』（ハート出版）、『「太平洋戦争」は無謀な戦争だったのか』（ジェームズ・ウッド原作、茂木翻訳、WAC）、『日米戦争を起こしたのは誰か』（共著・勉誠出版）などがある。

日中戦争 真逆の真相

令和６年４月６日　第１刷発行

ISBN978-4-8024-0174-6　C0021

著　者　茂木弘道
発行者　日髙裕明
発行所　ハート出版
〒171-0014 東京都豊島区池袋3－9－23
TEL. 03－3590－6077　FAX. 03－3590－6078

© Hiromichi Moteki 2024, Printed in Japan

印刷・製本／中央精版印刷
乱丁、落丁はお取り替えいたします（古書店で購入されたものは、お取り替えできません）。
本書を無断で複製（コピー、スキャン、デジタル化等）することは、著作権法上の例外を除き、禁じられています。また本書を代行業者等の第三者に依頼して複製する行為は、たとえ個人や家庭内での利用であっても、一切認められておりません。